永恒的华夏史诗丛书
——纪念馆

陆　飞/编著

吉林人民出版社

图书在版编目(CIP)数据

纪念馆 / 陆飞编著. -- 长春 : 吉林人民出版社,
2012.5
(永恒的华夏史诗丛书)
ISBN 978-7-206-09065-3

Ⅰ. ①纪… Ⅱ. ①陆… Ⅲ. ①纪念馆 – 中国 – 青年读物②纪念馆 – 中国 – 少年读物 Ⅳ. ①G269.26-49

中国版本图书馆CIP数据核字(2012)第113481号

纪念馆
JINIANGUAN

编　　著:陆　飞
责任编辑:卢俊宁　　　　封面设计:七洱
吉林人民出版社出版 发行(长春市人民大街7548号　邮政编码:130022)
印　　刷:永清县晔盛亚胶印有限公司
开　　本:670mm×950mm　　1/16
印　　张:12　　　　字　　数:90千字
标准书号:ISBN 978-7-206-09065-3
版　　次:2012年7月第1版　　印　　次:2023年6月第3次印刷
定　　价:38.00元

目　录

“二七”革命纪念馆 …………………………………………… 1
二七纪念馆 …………………………………………………… 2
丁佑君纪念馆 ………………………………………………… 3
八一起义纪念馆 ……………………………………………… 4
八七会议纪念馆 ……………………………………………… 4
八女投江纪念馆 ……………………………………………… 6
八路军总部纪念馆 …………………………………………… 7
八路军太行纪念馆 …………………………………………… 8
三元里人民抗英斗争纪念馆 ………………………………… 9
广州起义纪念馆 ……………………………………………… 10
王进喜纪念馆 ………………………………………………… 11
王杰纪念馆 …………………………………………………… 13
王雪涛纪念馆 ………………………………………………… 14
木兰陂纪念馆 ………………………………………………… 15
天津建党纪念馆 ……………………………………………… 16
中央农民运动讲习所纪念馆 ………………………………… 17
中国航空博物馆 ……………………………………………… 19
中国人民革命军事博物馆 …………………………………… 21
中国第四纪冰川遗迹陈列馆 ………………………………… 22
片马抗英纪念馆 ……………………………………………… 23
文天祥纪念馆 ………………………………………………… 25

孔子纪念馆 …………………………………………………… 26
邓散木艺术陈列馆 ………………………………………… 26
东北烈士纪念馆 …………………………………………… 27
平顶山殉难同胞遗骨馆 …………………………………… 29
平武红军碑馆 ……………………………………………… 30
“四八”烈士纪念馆 ………………………………………… 30
四平战役纪念馆 …………………………………………… 31
叶圣陶纪念馆 ……………………………………………… 32
史可法纪念馆 ……………………………………………… 33
北京焦庄户地道战遗址纪念馆 …………………………… 34
白洋淀雁翎队纪念馆 ……………………………………… 36
宁化革命纪念馆 …………………………………………… 37
辽沈战役纪念馆 …………………………………………… 38
台儿庄战役纪念馆 ………………………………………… 41
西柏坡革命纪念馆 ………………………………………… 42
后田暴动陈列馆 …………………………………………… 43
竹沟革命纪念馆 …………………………………………… 44
华陀纪念馆 ………………………………………………… 45
华侨纪念馆 ………………………………………………… 46
刘英俊纪念馆 ……………………………………………… 46
刘胡兰纪念馆 ……………………………………………… 47
红军四渡赤水陈列馆 ……………………………………… 49
赤壁大战陈列馆 …………………………………………… 49
李白纪念馆 ………………………………………………… 51
李自成陈列馆 ……………………………………………… 52
李时珍药物馆 ……………………………………………… 53

李明瑞、韦拔群烈士事迹陈列馆 …… 54
李苦禅纪念馆 …… 55
苏东坡纪念馆 …… 57
苏皖边区政府旧址纪念馆 …… 57
杜甫纪念馆 …… 58
杜甫故里纪念馆 …… 58
杨子荣纪念馆 …… 59
杨子荣烈士纪念馆 …… 60
杨靖宇纪念馆 …… 61
抗日战争纪念馆 …… 63
抗美援朝纪念馆 …… 66
吴昌硕纪念馆 …… 68
吴敬梓纪念馆 …… 69
邹韬奋纪念馆 …… 71
邱少云烈士纪念馆 …… 73
宋步云艺术陈列馆 …… 74
沈寿艺术馆 …… 74
沙家浜革命传统教育馆 …… 75
张仲景纪念馆 …… 76
张恨水陈列室 …… 77
张思德纪念室 …… 79
张謇纪念馆 …… 80
陆羽纪念馆 …… 81
陈化成纪念馆 …… 82
陈嵘先生纪念室 …… 83
陈嘉庚先生生平事迹陈列馆 …… 84

武训纪念馆 …………………………………………………… 85
武昌起义军政府旧址纪念馆 …………………………………… 86
林巧稚纪念馆 ………………………………………………… 88
林则徐纪念馆 ………………………………………………… 89
林基路烈士纪念馆 …………………………………………… 91
青岛市革命烈士纪念馆 ……………………………………… 92
雨花台革命烈士纪念馆 ……………………………………… 92
范筑先纪念馆 ………………………………………………… 94
罗辀重纪念馆 ………………………………………………… 95
罗盛教烈士纪念馆 …………………………………………… 95
岭南画派纪念馆 ……………………………………………… 96
庞薰琹美术馆 ………………………………………………… 97
郑和纪念馆 …………………………………………………… 99
郑成功纪念馆 ………………………………………………… 101
冼夫人纪念馆 ………………………………………………… 102
泸定桥革命文物纪念馆 ……………………………………… 103
屈原纪念馆 …………………………………………………… 104
孟良崮战役纪念馆 …………………………………………… 105
南京太平天国纪念馆 ………………………………………… 106
南湖革命纪念馆 ……………………………………………… 106
赵尚志烈士纪念馆 …………………………………………… 108
鸦片战争博物馆 ……………………………………………… 109
省港大罢工纪念馆 …………………………………………… 110
侵华日军南京大屠杀遇难同胞纪念馆 ……………………… 111
彦涵美术馆 …………………………………………………… 113
恽南田纪念馆 ………………………………………………… 113

洪秀全纪念馆 …… 114
顾炎武纪念馆 …… 115
徐特立纪念馆 …… 116
徐悲鸿纪念馆 …… 117
徐霞客纪念馆 …… 119
狼牙山五勇士纪念馆 …… 120
郭守敬纪念馆 …… 120
郭味蕖故居陈列馆 …… 121
浙江革命烈士纪念馆 …… 123
浙江大学西迁历史陈列馆 …… 124
海上丝绸之路博物馆 …… 124
海瑞纪念室 …… 125
陶行知纪念馆 …… 126
曹雪芹纪念馆 …… 127
龚自珍纪念馆 …… 130
萍乡革命烈士纪念馆 …… 132
黄乃裳纪念馆 …… 133
黄继光烈士纪念馆 …… 135
黄麻起义和鄂豫皖苏区革命烈士纪念馆 …… 136
戚继光纪念馆 …… 137
梅文鼎纪念馆 …… 138
梅兰芳纪念馆 …… 139
章太炎纪念馆 …… 140
淮海战役纪念馆 …… 140
淮海战役双堆集歼灭战纪念馆 …… 142
清凉山新闻出版革命纪念馆 …… 142

董存瑞烈士纪念馆 …… 143
董寿平美术馆 …… 144
彭雪枫纪念馆 …… 145
皖西革命烈士纪念馆 …… 146
鲁迅纪念馆（上海） …… 148
鲁迅纪念馆（广州） …… 152
鲁迅纪念馆（绍兴） …… 153
傅抱石纪念馆 …… 154
焦裕禄纪念馆 …… 156
湘鄂川黔革命根据地纪念馆 …… 157
湘鄂西苏区革命烈士纪念馆 …… 158
渡江胜利纪念馆 …… 160
渡江战役总前委旧址纪念馆 …… 162
温州革命烈士纪念馆 …… 163
雷锋纪念馆（辽宁抚顺） …… 164
雷锋纪念馆（湖南长沙） …… 166
蒲松龄纪念馆 …… 167
詹天佑纪念馆 …… 169
新四军重建军部纪念馆 …… 170
新四军江南指挥部旧址陈列馆 …… 175
新四军茅山抗日斗争历史陈列馆 …… 177
新四军军史文物陈列馆 …… 178
法国蔡伦纪念馆 …… 180
遵义会议纪念馆 …… 181
潘天寿纪念馆 …… 183

“二七”革命纪念馆

位于湖北省武汉市汉口江岸。1960年，为了悼念死难烈士，人民政府在当年发生惨案的地址附近，修建了“二七”烈士纪念碑和“二七”革命纪念馆。碑上有毛泽东同志的亲笔题词。纪念馆内陈列有“二七”革命斗争史料、图片和烈士的遗物等。有项英、林育南、陈潭秋、邓中夏等同志领导京汉铁路工人反帝反封建的革命事迹，还有林祥谦、施洋等烈士宁死不屈、慷慨就义的记述，有当时各地工会组织和列宁领导的第三国际声援。“二七”大罢工所发表的宣言，遗物有100余件，其中有林祥谦为指挥罢工使用的怀表，施洋装秘密文件的梳头盒，手提小皮箱及狱中日记等。同时还陈列着毛泽东、周恩来、刘少奇、朱德、董必武、郭沫若等党和国家领导人为烈士所题的词著文。为进一步弘扬二七革命精神，缅怀革命先烈。

于1987年2月7日建成武汉二七纪念新馆。新馆坐落在当年江岸“二七”先烈们流血牺牲的地方。新馆占地50亩，陈列室共有1200平方米，陈列面积比原馆扩大了7倍多，陈列内容也得到进一步充实，生动地反映出“二七”工人在中国共产党的领导下，为争取中国工人的基本权利，团结一心，艰苦奋斗。不怕流血牺牲的革命精神。

二七纪念馆

坐落在北京市长辛店公园西侧的一片苍松翠柏之中。为纪念二七大罢工64周年而建，于1987年2月7日正式开馆。1923年2月1日，京汉铁路工人在郑州召开京汉铁路总工会成立大会。遭到军阀吴佩孚的武力阻挠。总工会决定以总同盟罢工表示反抗。2月4日，全路工人举行了总罢工。2月7日，吴佩孚在帝国主义的支持下，在长辛店、郑州、汉口等地对罢工工人进行了血腥镇压……

纪念馆造型别致，富有民族风格。馆内共分 8 个展室，主要陈展“二七”大罢工前后长辛店铁路工人英勇斗争的文献资料、图片、文物等。彭真同志为纪念馆题写了馆名。

丁佑君纪念馆

坐落在四川省乐山五通桥的菩提山上。丁佑君（1930—1950），乐山五通桥人。出身于一个盐商家庭，1950 年初考入西南人民革命大学，共青团员。学习期满后被派到西昌工作。在征粮中不幸落入叛匪手中，受尽敌人酷刑和侮辱，始终坚贞不屈，最后壮烈牺牲。1958 年，朱德亲笔题词：“丁佑君是党的好女儿。是共青团和青年的好榜样。”她的事迹流传很广，现在西昌河西区建有丁佑君陵园和纪念碑。胡耀邦题写了“丁佑君纪念馆”馆名。馆内展出烈士 48 件遗物和生平介绍。

八一起义纪念馆

位于江西省南昌市中山路与胜利路交接处的洗马池，当年起义的总指挥部旧址。起义前它是南昌市中心最大的一家旅馆——江西大旅社。这家旅社是一幢钢筋水泥结构的四层楼房，二楼25号房间是周恩来同志等起义领导人召开重要会议的地方。楼间有一块长方形天井，楼顶正中有一层小亭楼。全楼共有96间房间。为纪念八一起义30周年。于1957年在此建立“南昌八一起义纪念馆”。现在这座革命旧址已基本上恢复了原貌，里面陈列着朱德同志当年使用过的手枪，起义军使用的武器、用品，还有当时发布的《“八一”革命宣育》《“八一”革命宣传提纲》等文件，供人们参观瞻仰。

八七会议纪念馆

坐落在湖北武汉市鄱阳街139号（原三教街49号）。1987

年 8 月 7 日，值“八七会议”60 周年纪念日之际。经过修复正式开放。邓小平同志题写的“八七会议会址”门匾悬挂在修饰一新的纪念馆门口。1927 年 8 月 7 日，中国共产党在汉口举行紧急会议（会址在现址），出席会议的有中央委员、候补中央委员、监察委员、共青团代表、湖南湖北代表和军委代表共 21 人。共产国际代表 3 人出席。会议通过了《中共八七会议告全党党员书》《党的组织问题决议案》《最近职工运动决议案》《最近农民斗争的决议案》等，确定了土地革命和武装反抗国民党反动派屠杀政策的方针，号召党和人民继续革命斗争，发动湘、鄂、赣、粤四省农民举行秋收起义。

“八七会议”纪念馆坚持历史唯物主义观点和实事求是的原则，如实反映了“八七会议”及其前后的历史。展品中有全部会议代表的照片和生平简介，“八七会议”前后我党部分重要会议文件等文物复印件，突出表现了“八七会议”在我党历史上的重要地位和作用。还有“八七会议”通过的《告全党党员书》《最近职工决议案》《最近农民斗争的决议案》《党的组织问题决议案》在纪念馆中亦得到展出。

八女投江纪念馆

位于黑龙江省牡丹江市江滨公园。为纪念1938年10月在抗日战争中为掩护大部队突围，主动牵制敌军火力，在敌人追逼没有退路的情况下，宁死不屈而集体投江殉国的抗日联军8名女战士而兴建。1988年8月1日落成。烈士纪念馆326平方米，馆内陈列着烈士生前的照片、生活用品和杀敌武器，以及图片等。介绍了8位巾帼女将的英雄事迹。纪念馆旁有“八女投江”群雕像和直径60米的圆坛。圆坛北面镶嵌着绛红色花岗岩，上面铭刻着8英烈士铭志和8位女烈士名单：冷云、杨贵珍、胡秀芝、安顺福、郭桂琴、黄桂清、李凤善、王惠民。1938年10月上旬某夜，抗日联军第五军的妇女团指导员冷云、班长胡秀芝、杨贵珍，郭桂琴、黄桂清、李凤善、王惠民、四军被服厂厂长安顺福等8名女战士遭到日军的追击，经过顽强战斗。她们退到牡丹江支流乌斯浑河河边，当她们打完全部子弹时，冷云背起负伤的战友，战士们手挽着手。高呼抗日口号，毅然向河心走去，英勇牺牲。

八路军总部纪念馆

位于山西武乡县东部的王家峪“八路军总司令部”旧址。八路军是抗日战争时期，中国共产党领导的人民军队。中国共产党为了战胜日本帝国主义，在领导建立了抗日民族统一战线后，根据同国民党达成的协议，于1937年8月将红军主力部队改编为国民革命军第八路军（9月改称第十八集团军），总部就曾设在这里。八路军辖第一一五师、第一二〇师、第一二九师，朱德任总司令，彭德怀任副总司令，叶剑英任参谋长，任弼时任政治部主任。改编后，遵照中共中央和毛泽东的抗日战争的战略方针，开赴华北前线，深入敌后，同共产党的当地组织一起，发动和武装了广大群众，进行了独立自主的游击战争，开辟了华北敌后战场，解放了广大地区的人民，创建了晋绥、晋察冀、晋冀鲁豫、山东等敌后抗日根据地。最后同新四军及其他人民武装一起取得了抗日战争的最后胜利。第三次国内革命战争时期，改称中国人民解放军。

八路军太行纪念馆

坐落在山西省武乡县城。值抗日战争胜利33周年纪念日落成。太行山区是抗日战争时期晋冀鲁豫根据地的腹心地带，是华北敌后抗日游击战争的重要战略基地之一，中共中央北方局、八路军总部、八路军一二九师和太行山人民，在长达8年的抗战岁月里，同仇敌忾，共赴国难，在极端艰苦的条件下，筑起了一道真正的铜墙铁壁，为抗日战争的最后胜利作出了重大的贡献。他们的英名永垂青史，光辉业绩万古流传。他们同无数血染太行的八路军将士一样，为中华民族的解放所表现出来的顽强精神和英雄气概已成为一份珍贵的精神财富永载史册。邓小平同志为纪念馆题写了馆名。杨尚昆、聂荣臻、徐向前、薄一波、康克清等党和国家领导人及 30 多位老一辈无产阶级革命家为纪念馆题词。

三元里人民抗英斗争纪念馆

位于广东省广州市北郊三元里村尾。原是一座供奉北帝的三元古庙，建于清初。鸦片战争时，英侵略军于 1841 年 5 月沿珠江从三元里西边的增步泥城码头登陆，攻占城北四方炮台，在附近三元里奸杀抢掠，激起群众义愤。菜农韦绍光和村中的群众齐集三元古庙，誓师杀敌。广州城东北 103 乡和邻近的从化、花县、增城等地群众同时奋起，在牛栏岗狠狠打击了侵略军，毙敌多名，缴获一大批武器，并包围了四方炮台。迫使侵略军撤走，取得了辉煌的胜利。这个重要的革命遗址，解放前早已荒废，解放后经过修缮复原，辟为纪念馆。馆内陈列着当年三元里人民抗英斗争的文物资料。

广州起义纪念馆

位于广东省广州市起义路市公安局内。1987 年 12 月 11 日落成开放。1927 年蒋介石、汪精卫先后叛变革命，第一次国内革命战争遭到失败。中国共产党为了挽救革命，12 月 11 日，由共产党人张太雷、叶挺、叶剑英等在广州领导教导工人和革命士兵举行武装起义。同日凌晨 2 时半，叶剑英领导团打响了起义的第一枪，市内各处工人赤卫队立即向指定地目标进攻。经过激战，教导团和工人赤卫队粉碎了敌人的顽抗。占领了敌人的顽固堡垒公安局。到早晨，起义队伍已占领全城，公安局的大楼上升起了艳丽的红旗。广州苏维埃政府在这里宣告成立。12 日上午，英、美、日、法等帝国主义的炮舰，一齐向市区发炮轰击，海军陆战队也纷纷在长堤登陆。至晚上，城外敌人的援军赶到，从三个方面包围广州，为保存革命力量，起义队伍撤出广州，有的奔向海陆丰，有的进入广西，继续坚持斗争。广州起义的功绩，永载史册。

王进喜纪念馆

坐落在黑龙江省大庆油田，王进喜当年带领 1205 钻井队打的第一口油井旁。1991 年 11 月 15 日落成。1989 年初，中共大庆市委、大庆石油管理局党委为了更好地宣传、介绍“铁人”王进喜的光辉业绩，弘扬铁人精神，继承大庆会战的光荣传统，决定建立“王进喜纪念馆”。王进喜（1923—1970），全国劳动模范，甘肃玉门人。1938 年在玉门油矿当工人。建国后，任石油钻井队队长。1956 年加入中国共产党。1960 年春，为改变我国石油工业的落后面貌，率 1205 钻井队到大庆参加石油会战。在工作中一不怕苦，二不怕死，为发展我国的石油工业作出了贡献，被群众誉为“铁人”。1964 年当选为第三届全国人民代表大会代表。1968 年任大庆革命委员会副主任。中国共产党第九次全国代表大会上当选为中央委员。1970 年 11 月 15 日逝世。生前曾受到毛泽东、周恩来、邓小平等党和国家领导人的亲切接见。王进喜同志为开创大庆油田，发展石油工业建立了不朽的功勋。他一生热爱中国共产党，热爱社会主义，热爱大庆，忠诚于马克思主义、毛泽东思想。他执着追求的是国家的繁荣、民族的昌盛，石油工业的振兴，用毕生的心血为中国石油工业发展史增添了豪迈壮丽篇章，为后人留下了宝贵的精神财富——中央提倡的“八大精神”之一的“铁人精神”，那就是：“为国分忧，为民争气的爱国主义精神；宁可少活二十年，拼命也要拿下大油田的忘我拼搏精神；有条件要上，没有条件创造条件也要上的创业精神；干工作要为油田负责一辈子；经得起子孙万代的检查的认真负责精神；不计名利，埋头苦干的‘老黄牛’精神；当干部还是个钻工，永做普通劳动者的高贵品格；热爱同志，关心群众胜过关心自己的深厚无产阶级感情；刻苦学习马列、毛泽东著作，不断改造世界观的自觉性。”它具有不朽的价值和永恒的力量。1990 年 2 月 25 日，江泽民总书记视察大庆油田时，看望了王进喜同志的家属。他拉着“铁人”的妻子王兰英的手说：“王进喜同志为中国石油工业发展立下了汗马功劳，人民永远不会忘记他!”。

纪念馆主体工程 1240 平方米，通过图片和实物，真实地反映了“铁人”的光辉业绩。纪念馆门前广场立有高 6. 30 米的王进喜塑像。

王杰纪念馆

坐落在山东金乡县花堌村。花堌村是雷锋式的共产主义战士王杰的故乡，为缅怀王杰同志的光辉业绩而建此馆。王杰（1942—1963 年），山东金乡人。1961 年参加中国人民解放军，任济南部队装甲兵某部工兵一连班长。1962 年加入中国共产主义青年团。1965 年 7 月 14 日，在江苏邳县张楼公社帮助民兵进行地雷试爆。当炸药突然发生意外爆炸的紧要关头，临危不惧，用身体扑到炸药包上，保护了在场的 12 名民兵和武装干部的生命安全，自己英勇牺牲。根据他生前的要求，部队党委追认他为中国共产党党员。国防部命名他生前所在班为“王杰班”。

王雪涛纪念馆

位于山东济南趵突泉公园内。王雪涛先生是我国当代杰出的花鸟画大师、著名美术教育家。生前曾任北京画院院长，中国美术家协会北分会副主席。王雪涛先生早年从学于王梦白、陈师曾，后长期追随齐白石、陈半丁，其作品题材广阔，画风清新，隽秀自然，树立了小写意花鸟画的一代风范。王雪涛先生的家属将其遗作及收藏品献给济南人民，经济南市人民政府1987年1月批准，在趵突泉公园沧园内建立王雪涛纪念馆，同年10月1日建成开放。纪念馆分为萝月堂、无山庄、藕华楼、互壶斋4个展厅，陈列部分绘画珍品、物件。王雪涛先生的精湛作品，代表了我国的传统艺术，进一步丰富了齐鲁文化艺术宝库，为济南这座历史文化名城增添了新的艺术色彩。

木兰陂纪念馆

在福建莆田市城南5公里许的木兰山下木兰陂畔。原为纪念建陂有功者的李宏庙。内有钱四娘、林从世、李宏、冯智日的塑像，还有十多块历代修陂石碑和1962年冬郭沫若参观后撰写的《木兰陂诗碑》。庙外青山碧水相映，景色秀丽。木兰陂是我国古代大型水利工程之一。始建于宋治平元年（1064年），前后营筑3次，历时20年，于宋元丰六年（1083年）竣工。陂位于木兰溪和兴化湾海潮汇流处，工程分枢纽和配套两大部分。枢纽工程为陂身，由溢流堰、进水闸、冲砂闸、导流堤等组成。溢流堰为堰匣滚水式，长219米，高7.5米，设陂门32孔，旱闭涝启。堰坝用数万块千斤重的花岗岩石钩锁叠砌，极为平整密合，坚固雄伟。近千年来虽历遭风、洪、潮的侵袭，仍巍然屹立，继续发挥效益。配套工程有大小沟渠数百条，总长400多公里。沿线建有几百座陡门。涵洞和海堤等。整个工程兼具拦洪、蓄水、灌溉之功，且有航运、养鱼之利。它的建成，使南北洋平原变成一片沃土，大大促进了当地经济和文化的发展。解放后，经过全面维修，效益更大。现在灌溉面积已扩大到20多万亩。

天津建党纪念馆

位于天津市和平区长春道普爱里21号。这里是党在天津早期的重要活动地点，1924 年春，在李大钊同志的关怀下，由于方舟、江浩等同志选择了位于市中心的江浩同志的住所，组建了天津地委。从此，天津的革命斗争进入了一个新的历史时期。在党的领导下，“宝成”、“裕大”、“裕元”等厂办起了工人夜校。成立了红色工会，建立了党的基层组织。同年 11 月，为迎接孙中山先生北上，组织了有各阶层参加的盛大欢迎会。1925 年，天津地委领导天津人民举行了有史以来的大规模“五一”游行示威。1960 年中共天津市委决定在原天津地委旧址建立《天津建党纪念馆》，1961 年 7 月 1 日正式开馆。

中央农民运动讲习所纪念馆

坐落在湖北省武汉市武昌红巷 13 号。原为清末张之洞创办的北路学堂，后改为湖北省甲种商业学校。1927 年 1 月，国民党政府由广迁至武汉后，同年 3 月，在毛泽东同志积极倡导和主持下，创办中国共产党培养农民运动干部的教育机构——中央农民运动讲习所。由中共中央农民运动委员会主任、全国农民协会总干事毛泽东任该所常务委员。教员有恽代英、彭湃、方志敏、夏明翰等。农讲所的使命是训练领导农村革命的人才，领导农民实行农村大革命，推翻封建势力。学生来自湖南、湖北、江西等 17 个省，共 800 余人。毛泽东亲自授课。农讲所设有农民问题讨论会，讨论农民运动中的实际问题。并组织学生下乡做社会调查，参加实际的阶级斗争，还对学生进行严格的军事训练。学生毕业后，由各省农民协会派去农村领导农民开展武装斗争。第一次国内革命战争失败后，不少学生参加了八一南昌起义、秋收起义、黄安（今红安）、麻城地区的农民起义和开辟湘鄂西革命根据地的斗争。1958 年建成纪念馆。为纪念毛泽东诞辰 96 周年，1989 年 12 月 26 日，对展出内容进行调整。重新设计的主要陈列部分《农民革命大本营》分为“国共携手共创建”、“革命熔炉炼英才”、“红色种子播神州”三个部分，以历史文献和文物为依据，客观的反映了国共合作的历史，真实的再现了毛泽东、邓演达等老一辈无产阶级革命家共同创办农讲所的过程，热情地歌颂了农讲所师生在中国革命史上的光辉业绩，荟萃国共两党的著名人士和农讲所为中国革命培养的一大批农民运动骨干。为进行爱国主义教育和革命传统教育提供了生动教材。

中国航空博物馆

坐落在北京昌平县大汤山脚下，毗邻小汤山温泉。为了纪念前贤，激励后辈，中国人民解放军空军部队于 1986 年 10 月做出建立中国航空博物馆的决定，经过 3 年的筹备。于 1989 年 11 月 11 日，中国人民解放军空军建军 40 周年纪念日正式建成，并对外开放。博物馆占地 50 多公顷。馆内陈列的 88 种型号、153 架飞机、3 种地对空导弹、50 余部防空雷达，以及高射炮、航空发动机、探照灯、航空炸弹、航空照相机等600多件展品，构成了亚洲规模最大的航空珍品荟萃之地。馆标设置在中国航空博物馆广场，高10余米。乳白色的支柱托起一架通体洁白的单座轻型歼击机。这是首次向世界公开的“歼—12”原型机。馆标歼—12飞机左侧并列陈放着4门100毫米的高射炮，右侧陈放着4枚“红旗—2号”地对空导弹。展厅独具特色，它修筑在大汤山的洞腹中，本身就是中国防空工程的历史记录。这是1969年毛泽东同志号召“深挖洞、广积粮”之后开凿的，正好是天然展厅，面积2万多平方米，装修后的展厅，上方装有250盏强力照明灯。两侧是隐暗式的光带。地面有墨绿色的环氧树脂，既防潮湿，又洁净光滑。展厅入口处的“序馆”是一面大型透空天幕。天幕正中是醒目的空军军徽。下方红、黑、兰三色环代表三军，周围散布着6只绚丽的风筝，表示中国人最早发明的飞行器。天幕上悬挂的是中国最古老的伏羲八卦风筝。在天幕背后，展厅正中的显要位置，陈放着一架编号 3249 的米格—15 比斯歼击机。机身上喷涂着 9 颗红星，标志着空军司令员王海上将在朝鲜战争的空战中击落美机 4 架、击伤 5 架的战绩。在“序馆”之后的飞机，分左、右两组展出。左边排列的是国产飞机，已成系列化。放在首位的是后三点活塞式教练机，被空军飞行员称为“空中课桌”。这是中国制造成功的第一架飞机。于 1954 年 7 月 11 日首次试飞成功。

这里还陈列着我国制造的第一架喷气式战斗机；中国第一代超音速歼击机；还有第二次世界大战中的功勋飞机；第一所航校使用的教练机以及世界航空珍品。中国航空博物馆配套设施还有科技教育区、航空体育活动区和温泉疗养区，升降滑翔机、超轻型飞机的草地机场等。中国航空博物馆是中国历史上第一座大型航空博物馆。

中国人民革命军事博物馆

位于北京市玉渊潭公园南侧。于 1959 年 8 月落成，1960

年8月1日开馆。建筑面积6万多平方米。内设9个陈列厅，一个电影厅，2个陈列广场；主体建筑高94.6米。门前广场中央有莲花状喷水池和象征人民军队、人民战争的大型群雕。博物馆前厅东侧一、二、三楼分别是第二次国内革命战争馆、抗日战争馆、第三次国内革命战争馆。三个馆展示5000多件文物和图片，反映1921年中国共产党诞生到1949年中华人民共和国成立的28年中，我军的战斗历程。前厅的西侧一楼是综合馆。前厅的西侧，二楼和三楼是保卫社会主义革命和社会主义建设馆。中央大厅外的东西广场。陈列有我军在历次革命战争时期使用和缴获的兵器。其中有许多是我军从敌人手中缴获又用来打击敌人而获得战功的功勋武器。

中国第四纪冰川遗迹陈列馆

坐落在北京西山法海寺北侧，1989年5月落成。第四纪冰川擦痕遗迹，是我国著名地质学家李四光在1957年首次发现的。这座结构为两层的陈列馆，建筑面积750平方米，内设7个展室，建在当年李四光发现的第四纪冰川擦痕遗迹的旁边。陈列馆外观呈银白色，高低、斜坡错落有致，象征冰川的晶莹、漂漓、擦痕，为京西森林公园添出了新景。建立第四纪冰川遗迹陈列馆在国内尚属首家，它对于研究我国华北地区250万年以前的地质、地貌、生态环境有着重要的作用。

片马抗英纪念馆

坐落在云南省西部片马。为纪念片马人民英勇抗击英帝国主义的入侵光辉业绩而建。片马在高黎贡山以西，元宪宗时属云南行省云龙甸军民府，明时属水昌军民府茅山土司，清高宗时置片马使，属腾越（今腾冲）管辖，诉讼由保山受理，后并入保山县登埂土司辖区。1900年（光绪二十六年）1月，英国侵略军向片马附近的小江进犯，侵占茨竹、派赖、滚马等寨。肆行掠夺，焚毁民房，并枪杀我土异士兵百余人，激起当地景颇、傈僳、汉、白等族人民的无比愤怒，在土把总左孝臣、千总杨体荣的领导下，进行武装抵抗，左孝臣壮烈牺牲。1910 年(宣统二年)，英帝国主义又派兵 2 千人，自密支那入侵片马，于次年攻占登埂；又占据小江以南 18 寨，侵入小江以西浪速等地，并在搬瓦丫口、明光外大丫口、他戞、茨竹、片马、九角塘等地私立界石，强收户税，建造营房、衙署，设立警岗。后清外务部向英国驻华公使交涉，被置之不理。1913 年，英军又分三路进据称戞、六库、腾越等地，并大肆侵扰滇西。其后，又不断侵入片马、古浪、岗房地区，强设军政机构，当地各族人民奋起武装抵抗，全国人民一致声援，至 1926 年，英帝国主义不得不承认片马属于我国，但仍继续霸占。1960 年，我国和缅甸联邦政府签订的《中缅边界条件》规定。片马、古浪、岗记地区由缅甸联邦归还我国，于 1961 年 6 月 4 日完成交接手续。纪念馆通过大量的实物、文字、图片资料反映了片马人民不甘外侮、英勇斗争的光辉业绩，弘扬了中华民族精神。这里已成为进行爱国主义教育的场所。

文天祥纪念馆

位于江西吉安县。为纪念杰出的民族英雄文天祥而建。1992 年 1 月 9 日落成。文天祥纪念馆是一组中轴对称的仿古建筑群落。主体建筑“正气堂”内矗立着 6 米高的文天祥全身彩色塑像。馆内分 4 个展厅，系统地介绍了文天祥的生活与斗争。文天祥（1236—1283），南宋政治家、文学家，江西吉安县富田乡人。当南宋处于民族危急之际，他舍生忘死，奋勇救国。吟唱了“人生自古谁无死，留取丹心照汗青”的千古绝句。1283 年 1 月 9 日英勇就义时才 47 岁。长期以来，他的精神、品格、情操、气节一直受到人们的称颂。

孔子纪念馆

位于山东省青岛市南园。孔子（前 551—前 497 年），名丘，字仲尼，鲁昌平乡陬邑（今山东曲阜）人，春秋末年著名思想家、教育家、儒家学派创始人。少贫好学，中年后授徒讲学，曾任鲁国司寇。后游历各国，晚年返鲁继续讲学。弟子达 3 千人。其中“受业身通者”有 72 人。其教育思想和所整理的文献资料，对后世影响很大。所撰鲁史《春秋》，是我国第一部编年史著作；生平言行散见于古籍《左传》《国语》和诸子著述中。现存《论语》20 篇，记孔门师徒问答实况，为研究孔子思想的主要资料。

邓散木艺术陈列馆

在哈尔滨市黑龙江省博物馆一楼。1986 年 9 月 6 日落成。

邓散木先生是我国当代著名书法篆刻艺术家。他还精通考据学、文字学和古文辞，也是一位诗人和画家。邓散木先生 1963 年逝世后，夫人张建权将其书法篆刻作品和其他纪念物 2 千余件捐献给国家。展厅里陈列着邓散木的书法、篆刻、绘画、印谱、手稿及其他纪念品 430 余件。还有楚图南、赵朴初、舒同、启功、廖静文、胡絜青等人为陈列馆书写的题词。

东北烈士纪念馆

位于黑龙江省哈尔滨市赵一曼街 21 号，为纪念东北抗日联军牺牲的烈士而建造。建成于 1931 年，是一栋西方古典式建筑。1948 年定为“东北烈士纪念馆”。纪念馆大门内有一塑像，他穿着皮大衣，戴着皮帽，脚穿靰鞡，手握长枪，昂首远望，充分体现了烈士崇高的英雄气概。馆分“抗日战争馆”和“解放战争馆”两大部分，面积 1031 平方米，陈列着文物、图片、资料一千余件。陈列馆内正面有毛泽东题词“共产主义是不可抗御的！星星之火可燎原！死难烈士万岁！”；还有周恩来同志的题词“革命先烈永垂不朽”。陈列室内陈列着杨靖宇、李兆麟、赵一曼等烈士的塑像、诗稿、遗物、油画、照片等。多年来，人们牢记着烈士们惊天地、泣鬼神的丰功伟绩，他们的鲜血照亮了人民前进的路程。杨靖宇将军以草根、树皮当粮食，宁死不屈；李兆麟将军爬冰卧雪，战斗在原始森林里。杨靖宇将军《露营之歌》响彻东北大地：

朔风怒吼，大雪飞扬，征马踟蹰，冷气侵入夜难眠，火烤胸前暖，风吹背后寒。壮士们，精诚奋斗，横扫嫩江原。伟志兮，何能消灭！团结起，赴国难，破难关，夺回我河山。

著名的“八女投江”的油画，使人们对八名英雄的女抗联战士宁死不屈的无畏精神充满敬意。年仅 31 岁的党的好女儿赵一曼在敌人的严刑拷打下大义凛然，威震中华，气壮山河……这里的每一件遗物，每一张图片，每一座塑像，都激发了人民强烈的爱国心和民族自豪感。

平顶山殉难同胞遗骨馆

位于辽宁省抚顺市东南的平顶山上，距市中心 6 公里。1972 年为纪念平顶山惨案殉难的同胞而建立，馆前纪念碑建于 1951 年。平顶山村原是抚顺市区附近一个繁华的村镇，有 4 百余户，3 千余人。1932 年中秋深夜，我一支辽东民众抗日自卫军路过此地，被侵华驻守在抚顺的日本守备队和宪兵队得知，翌日，竟以所谓“通匪”为由，将平顶山村团团围住，进行惨绝人寰的大屠杀。还烧毁了全村 8 百余间房屋。事后，他们妄图逃避中外舆论的谴责，又崩山掩尸灭迹。1972 年于惨案现场遗址，仅在长 80 米，宽 5 米的地下，就清出遗骸 8 百余具。遗骨馆就建在惨案现场遗址，馆内展现了其中一部分遗骨。

平武红军碑馆

位于四川省平武县。为纪念红四方面军路过平武 52 周年而建，1987 年 10 月 29 日落成。红军碑馆占地 200 多平方米，馆内陈列有红军石刻标语 20 块。徐向前同志为该馆题写了馆名。

“四八”烈士纪念馆

位于山西省兴县。为缅怀“四八”烈士而建。1946 年春，国民党政府破坏《国共停战协定》，进攻解放区。出席重庆国共谈判与政治协商会议的中共代表王若飞、秦邦宪，为了向中共中央汇报请示，于 4 月 8 日和新四军军长叶挺、中共中央职工委员会书记邓发、进步教育家黄济生等冒着恶劣天气，飞返延安。同机的还有八路军军官李绍华、彭踊左、魏万吉、赵登俊、高琼和叶挺夫人李秀文及其子女等。当日下午，飞机在山西省兴县的黑茶山遇浓雾失事，机上人员全部罹难。

四平战役纪念馆

位于吉林省四平市纪念塔广场西南侧，建筑面积 2538 平方米。1988 年 6 月建成。主要陈列四平战役的珍贵资料，详细介绍了四平战役情况。第一次是 1946 年 4 月 5 日的四平保卫战。第二次是 1946 年 3 月 17 日的四平解放战。第三次是 1947 年 6 月的四平攻坚战。第四次总称四平战役。四次战役是我人民解放军战史上的重要篇章之一。同时展出的还有缴获国民党军队美式装备的各式武器弹药，以及战时拍摄的战地文献记录电影。彭真同志为四平战役纪念馆题写了馆名。

叶圣陶纪念馆

坐落在江苏省吴县的水乡古镇角直。为纪念现代著名作家、教育家、出版家和社会活动家叶圣陶而建，1988 年 12 月 8 日落成。叶圣陶（1894—1988），原名叶绍钧，江苏苏州人。解放前当过小学、中学、大学教师。编过《小说月报》《妇女杂志》和《中学生》等刊物。1914 年开始用文言文写小说，1919 年开始用白话写作。1921 年和沈雁冰、郑振铎等人发起成立文学研究会，提倡“为人生”的文学。30 年代和 30 年代的作品有短篇小说集《隔膜》《火灾》《线下》《城中》《未厌集》等，童话集《稻草人》和《古代英雄的石像》，散文集《脚步集》《未厌居习作》等。代表作长篇小说《倪焕之》真实地反映了辛亥革命到第一次国内革命战争时期一部分小资产阶级知识分子的生活历程和精神面貌。抗战爆发后，到四川继续从事教育和编辑工作，并写了一些宣传抗战爱国的作品，收在1945年出版的《西川集》里。解放后，当选为全国政协委员和人大代表，曾任出版总署副署长、人民教育出版社社长、教育部副部长、全国政协副主席等职。在繁忙的工作之余，还发表了一些诗歌、散文和文学评论。1958年出版了散文集《小记十篇》。他是“五四”以来有很大影响的老作家之一。建国以后，先后出版有《叶圣陶选集》《叶圣陶文集》《叶圣陶短篇小说选集》和《叶圣陶文集》（五卷）。他的创作态度严肃认真，风格朴素自然，语言简洁洗练，素有“语言艺术家”之称。馆内陈列着叶老在各个历史时期的著作和大量的照片、手迹等文物。

史可法纪念馆

位于江苏扬州市史可法路南端西侧。原址为明代崇雅书院，清雍正年间重建，易名为梅花书院。为纪念明末死节忠臣史可法而设纪念馆于此，并陈列有扬州历代文物，尤以扬州八怪的书画引人入胜。史可法（1601—1645），明末抗清统帅，字道邻，又字宪之，祥符（令河南开封）人。崇祯进士。少时受东林党人左光丰的赏识，受其影响，以国事为己任。1644 年清兵入关时，任南就兵部尚书。弘光帝继位，加大学士，称史阁部。马士英等不愿他当国，以督师为名，使往扬州。他主张全力抵御清军，激励将士，招揽贤才，准备北伐。而朝廷多方掣肘，不发粮饷，将领间迭起纠纷。高杰为叛将许定国所杀，使北伐终无所成。1645 年清军南下围扬州，他坚守孤城，严拒诱降，城破后自杀未死，为清军所执，从容就义。扬州人民在城外梅花岭筑衣冠冢，以为纪念。遗著有《史忠正公集》。

北京焦庄户地道战遗址纪念馆

位于北京市顺义县东北方向的焦庄户村，于 1940 年后成为中国共产党领导下的冀东敌后抗日根据地的一部分，1943 年又成为冀东开展地道战最早的地区。焦庄户村内及连接邻村的地道曾经长达 10 公里以上。在抗日战争时期，焦庄户的民兵和群众利用地道隐蔽物资，掩护伤员，消灭敌人，巩固和发展了抗日根据地。在解放战争时期，焦庄户村的民兵和群众在党支部的领导下，奋起自卫，展开地道战，痛击来犯敌人和反动地主武装。1947 年 11 月 10 日，焦庄户村因战功卓著，荣获顺义县民主政府授予的“人民第一堡垒”的锦旗。据统计，焦庄户民兵和群众在 1943 年至 1948 年期间，共与日寇和国民党军队发生战斗 150 余次，击毙击伤敌人 130 多人，俘虏敌人 60 多人。击毁敌人军车 1 辆，缴获枪枝 100 多支，缴获子弹 3500 多发，缴获电台 1 部。1979 年 8 月焦庄户地道战遗址被宣布为北京市文物保护单位，1986 年焦庄户地道战遗址进行了修复加固，并重新建了当年民兵用来瞭望敌情的高 20 米、共分 5 层的瞭望岗楼。张爱萍同志为北京焦庄户地道战遗址纪念馆题写了馆名。1987 年 7 月 5 日经修复加固重新开放。

白洋淀雁翎队纪念馆

位于河北安新县。为纪念抗日战争胜利 45 周年而建。1990 年 8 月 23 日落成正式开放。雁翎队是抗日战争时期活跃在白洋淀苇丛中的一支水上游击队。1938 年，日寇侵占冀中平原，在白洋淀的大村镇赵北口、同口等处安上了据点，对淀中村民实行“三光”（杀光、抢光、烧光）政策。但是，英勇的白洋淀人民是不可征服的。在大张庄、郭里口一带，有不少用大型火枪“大抬杆”打雁、打野鸭子为生的猎人，他们对日寇的烧杀抢掠极为愤恨。当时，安新县三区区委书记徐健、区长李刚义到大张庄召集猎户开会，动员他们拿起“大抬杆”参军参战，反抗日军的侵略。会后，有二三十人带着火枪参加了军队，成立了水上游击队。原来他们在打水禽时，为了防止浪花打湿枪膛内的火药，在信口上（点火处）插上一根雁翎，这样每个猎枪上都带着雁翎，所以这支用“大抬杆”进行战斗的水上游击队，就被命名为“雁翎队”。雁翎队在战斗中逐渐发展壮大，曾多次打破了敌人的水上封锁，破坏了敌人水上交通线。粉碎了敌人的“扫荡”和“蚕食”，声名大振。当地群众的热情地歌颂：“雁翎队，是神兵，来无影，去无踪。千顷苇塘摆战场，抬杆专打鬼子兵。”雁翎队是一支英勇善战的水上游击队，沉重打击了日本侵略者，为白洋淀抗日根据地的建立与发展，为支持冀中党政军民组织坚持抗战做出了很大的贡献。纪念馆用大量的图片、资料和实物反映了“雁翎队”的光辉历程，以及在抗日战争中所建树的丰功伟绩。

宁化革命纪念馆

在福建宁化县城关北山。1977 年 5 月兴建，占地 612 平方米，砖木结构，红墙碧瓦，翘角飞檐。馆内陈列革命文物300多件，照片100余幅，分为“宁化革命根据地的创建”、“欣欣向荣的宁化革命根据地”、“保卫宁化苏区、保卫红色政权”、“夺取长征新胜利”等四大部分。在纪念馆的右侧，有革命烈士纪念碑1座。

辽沈战役纪念馆

位于辽宁省锦州市辽沈战役烈士陵园。始建于1959年。1978年10月叶剑英同志题写了馆名。1985年经中共中央办公厅、国务院办公厅、中央军委办公厅批准建立新馆。馆舍及附属面积11801平方米，有序幕厅、战史馆、全景画馆、支前馆、烈士馆等。通过实物、照片、模型、绘画、雕塑、景观、电视投影等，形象地展示东北人民解放军于1948年9月至11月间，在辽宁省西部与沈阳、长春地区对国民党军进行战略决战，歼敌47万余人的胜利史实。它体现了中国共产党对建立东北根据地，举行辽沈决战的英明领导。体现了东北军民在关内各解放区配合下。为辽沈战役的胜利立下的卓越功勋。纪念馆坐落在纪念碑北侧，同处一条中轴线上，碑耸立制高点中心，馆卧于中轴线底部。由著名设计师戴念慈主持设计，布局、造型、结构颇具匠心，点、线、面、角、体极为讲究，风格雄浑、庄重、朴素，既保持了鲜明的民族特色，又具有强烈的时代精神。牌楼是一座中国风格，类似西方用以纪念胜利的凯旋门，眉额上嵌有叶剑英同志题写的“辽沈战役纪念馆”7个镏金大字。序厅迎面是一幅花岗岩雕刻的浮雕《江山图》，两面各有一堵装饰墙，饰以10枚精雕细刻的勋章。墙顶呈雉堞状，象征人民军队似钢铁长城。天棚设有187个通透的采光斗，使人感到宏伟、庄严、热烈、辉煌。战史馆包括争取和平民主、实行自卫作战、转入战略进攻、举行辽沈决战和光荣的使命5个部分。主要反映以毛泽东为首的中共中央和中央军委制定的战略决策与一系列方针。同时展示解放区军民在作战、剿匪、土地改革、生产和敌占区人民的爱国民主运动等各条战线上，不畏艰险，团结奋斗，夺取辽沈战役的胜利，加速解放战争的胜利进程。锦州攻坚战全境画馆是全国第一个全景画馆。建筑面积 1400 平方米，画面高 15 米，圆周长 120 余米。这里形象的展现东北人民解放军集中 25 万人的优势兵力，在塔山等阻援部队配合下，经 31 小时激战，全歼国民党军 10 万余人的英雄史绩。在全景馆的圆厅壁上绘有战斗场景。地面上塑有战斗实况的模型，两者浑然一体，再现了当年的战场，给人以身临其境之感。支前馆主要展示东北广大人民为了战争的胜利。在东北各级党委和政府的领导下，积极动员起来，发展生产，参军参战、送公粮、出战勤、缝军衣、做军鞋、架桥铺路、照顾伤病员的奋勇支前事迹，显示了人民战争的巨大威力。烈士馆展示了无数革命先烈为了人民的解放事业而英勇献身的革命精神，他们这种高尚的品格，是鼓舞我们建设、保卫四化的巨大精神力量。这里陈列了中央和东北领导的题词，烈士名册，267 位县团以上和营以下著名烈士名录和 29 名具有代表性烈士的遗像、遗物、英雄事迹等。馆藏文物数以万计，这里有朱德的手稿，罗荣桓的望远镜，陈云的背心等。辽沈战役纪念馆于 1988 年 10 月 31 日，辽沈战役胜利 40 周年落成开放。

台儿庄战役纪念馆

位于山东省枣庄市台儿庄区，1993 年 4 月 6 日落成。建筑面积为 4000 平方米，整个纪念设施占地面积 10 万平方米，总投资 800 万元。台儿庄战役发生于 1938 年 3 月下旬至 4 月初，是中国军队用日本侵略军展开的一场震惊中外的大会战。中国军队在国民党第五战区司令长官李宗仁将军指挥下，爱国将士们用血肉之躯筑起钢铁长城，歼灭日军 1 万多人，大长了中国人民的志气，在中国近代史上写下了光辉的一页。为纪念英烈，昭示后人，中共中央有关部门批准修建此馆。纪念馆内有李宗仁塑像1尊。

西柏坡革命纪念馆

位于河北省平山县太行山深处的西柏坡村。这里是党中央进入北平以前、解放全中国的最后一个设在农村的指挥所。它是同井冈山、延安一样的中国革命圣地。在柏坡岭的西北侧，有中共中央政治局大院旧址和七届二中全会旧址。柏坡岭南侧，是新建的西柏坡革命纪念馆，馆内展出这期间的历史图片和其他革命文物。柏坡岭上苍松翠柏，岗南水库碧波盈盈。湖光山色和革命史迹把西柏坡装扮得十分壮丽，一年四季都吸引着许多游人。为解决当地群众的生产和生活用水困难，当地政府请示上级政府和党中央同意，在治理海河的同时，于1958年前后，筑坝拦洪，兴建起一座岗南水库。当年的西柏坡村则被淹没在高岸边约30米深的水库底部，为按原样保留革命圣地，党和政府组织有关部门按西柏坡村的原貌，于1971年在离水库不远的同一个山上兴建了一座新的西柏坡村。七届二中全会会场，毛泽东、周恩来、刘少奇、朱德、任弼时等中央领导同志曾居住过的土坯房等，均按原貌修建，并辟为纪念馆。邓小平题写的“西柏坡纪念馆”匾额，1984年11月19日正式悬挂在正门上方。中共中央政治局委员、中央军委副主席杨尚昆为“中央军委作战室”旧址题写了“中国人民解放军总部”标志牌。1991年9月21日，江泽民总书记来馆参观时题词：“牢记‘两个务必’，建设有中国特色的社会主义。”

后田暴动陈列馆

在福建龙岩市郊东肖后田村。原系陈氏宗祠。1927年秋，邓子恢、郭滴人等在此进行革命活动，建立党组织和秘密农会。设“后田青年国术馆”。1928 年 3 月 4 日发动后田农民暴动，为“闽西土地革命之先声”。1929 年，毛泽东、朱德率中国工农红军第四军入闽，攻克龙岩城。同年秋，建立后田村苏维埃政府。

现旧址辟为“后田暴动陈列馆”，陈列当年农民暴动使用的梭镖、大刀、九节龙等武器，以及其他历史照片 220 余幅，供游人参观瞻仰。

竹沟革命纪念馆

坐落在河南省确山县竹沟镇中路北。原为抗日战争时期的中共中央中原局旧址。

竹沟是抗日战争时期曾经是中共中央原局和中共河南省委所在地。刘少奇、李先念等同志在这里指挥领导了长江以北河南、湖北、安徽、江苏等地的抗日救国斗争，成为中国共产党在中原发展的重要阵地。1956 年，当地政府在这里修建了“竹沟革命纪念馆”。周恩来同志亲笔题写了馆名。纪念馆占地面积 1400 平方米，文物遗址 31 处。“文化大革命”期间遭浩劫，于 1981 年重新修复、整理、开放，并列为国家重点文物保护单位。馆内保存着刘少奇、李先念、彭雪枫同志的旧居，使用过的用具及众多的革命历史文献和照片。

华陀纪念馆

位于安徽省亳县。为纪念中国古代杰出的医学家华陀而建。华陀，东汉末年沛国谯（今亳县）人，刻苦学医，精通内、外、妇、儿、针灸各科，外科尤为擅长，是我国古代杰出的医学家。后人为了纪念他，修建了华祖庙，1963 年改为“华陀纪念馆”，郭沫若为之题字。

华侨纪念馆

坐落在广东丰顺县城。1991 年 10 月初落成。丰顺县是广东省著名华侨乡，旅外侨胞达 40 余万人。党的第十一届三中全会以后，有 3 千多人，捐资 7623 万元，仅新建，扩建和重建中小学达 162 所，总额达 5786 万元。为褒扬侨胞的爱国爱乡热忱，让热心家乡建设的侨胞名垂史册，丰顺县决定修建“华侨纪念馆”，并得到旅外侨胞们资 65 万元人民币。纪念馆地处县城中心，楼高 7 层，建筑面积 1500 平方米，拥有展览厅、档案厅、资料厅、接待厅和商场等。

刘英俊纪念馆

位于黑龙江省佳木斯市。1966 年 3 月 15 日，雷锋式的好战士、沈阳军区某部炮连战士刘英俊，为保护6名儿童生命安全英勇牺牲。刘英俊这种崇高的共产主义精神当时在全国引起很大反响，他被誉为“人民的好儿子”、“雷锋式的好战士”。佳木斯人民政府在刘英俊牺牲的地点建起了刘英俊纪念馆。

刘胡兰纪念馆

坐落在她的家乡——山西省文水县云周西村南。为纪念青年女英雄刘胡兰而建，1956落成。刘胡兰（1932—1947），山西文水人。1946年在文水县云周西村积极领导群众投入土地改革和支援前线工作，同年加入中国共产党。1947年1月12日，山西军阀阎锡山的军队突袭该村时被捕。她在敌人的威胁面前坚贞不屈，大义凛然的说：“只要还有一口气活着，就要为人民干到底”。阎军计穷，遂将同时被捕的6个农民当场铡死。但刘胡兰不畏惧，从容地躺在铡刀下，并大声痛斥敌人说：

“死有什么可怕！”说完，壮烈牺牲于敌人铡刀之下。毛泽东同志为刘胡兰题词，纪念馆院内有1万余平方米的广场，高大洁白的毛主席题词碑耸立在广场花坛中央，碑的正面镶着毛主席题词手迹“生的伟大，死的光荣”。纪念碑后面是宽敞明亮的刘胡兰革命事迹陈列室，陈列着毛泽东、朱德、邓小平、董必武、乌兰夫、郭沫若、谢觉哉等老一辈无产阶级革命家给烈士的题词手迹和反映烈士生平事迹的遗物、绘画、照片及文献资料160多件。陈列室后面翠柏中是一座宫殿式建筑——七烈士纪念厅，后面是陵园，刘胡兰的忠骨就安葬在陵园北端正面高台上，台上柏翠松苍，墓台绿草茵茵，墓前是我国著名艺术家王朝闻创作的汉白玉刘胡兰塑像。塑像气宇轩昂，不禁使人想起1947年1月12日烈士就义时，视死如归的凛然气概。1986年10月15日，国务院批准该馆为全国重点烈士纪念建筑物保护单位。

红军四渡赤水陈列馆

位于四川省古蔺县东南40公里处的太平镇，原名太平渡，又名落洪口。曾是四渡赤水的渡口之一。1935年1月遵义会议后，中央红军3万余人，在毛泽东亲自指挥下，为了从四川泸州，宜宾之间北渡长江。同川陕根据地红军第四方面军会合，以摆脱国民军围追堵截，争取战略主动权。2月18日至19日，中国工农红军自云南扎西回师东进，在太平渡老鹰石、老鸹沱两处架设浮桥，第二次渡过赤水河，进入黔北，取得遵义战役的伟大胜利。同年3月21日至22日，红军又在此第四次渡过赤水河，折向贵州，粉碎了蒋介石妄图围歼红军于川南幻梦。今渡口设“红军四渡赤水陈列馆”。

赤壁大战陈列馆

坐落在湖北埔沂赤壁古战场风景区。1991年2月动工兴建。赤壁之战是东汉末年刘备与孙权联合击败曹操大军的战役，是我国历史上以少制多的著名战例之一。建安十三年(208 年)，曹操带领 20 多万人马，号称 80 万人南下，企图消灭割据荆州的刘表和江东的孙权。博军至荆州，刘表子刘琮举兵降曹。依附于刘表的刘备屯兵樊城，被曹操击败后退至长江南岸的樊口（今湖北鄂城西北)，采诸葛亮议，与孙权约定联合抗曹。孙、刘联军 5 万人在樊门会师，逆江而上，与曹军在赤壁（今湖北嘉鱼县东北）遭遇，联军采用火攻战术，大败曹军，曹操失败后退回北方。战后，孙权巩固了江东；刘备占据荆州，不久又取得益州。从此形成曹、孙、刘三方鼎峙的局面，为三国的建立奠定了基础。陈列馆前瞰长江，左傍赤壁山。建筑面积 2609 公顷。通过内容丰富的壁面、模型、文字、图表、文物、文献资料以及 10 组赤壁之战故事雕塑群，展示赤壁之役全过程及战区概貌。

李白纪念馆

坐落在四川江油县城西郊风景秀丽的彰明河畔。为纪念唐代伟大诗人李白而建。李白（701—762），字太白，自号青莲居士。祖籍陇西成纪，出生于唐安西都护府碎叶城。762 年，病死于安徽当涂。其流传下来的诗有 990 余首。其诗是我国古典诗歌发展史上浪漫主义的新高峰，人们称他为“诗仙”。李白 5 岁随父入蜀，定居在江油青莲乡，到 25 岁“仗剑去国，辞亲远游”。他在江油渡过了青少年时代，在这里留下了大量的遗迹、文物和诗篇。为纪念这位伟大的诗人，于 1960 年筹建纪念馆，1975 年续建，1982 年落成。纪念馆主要建筑有：富有唐代建筑风格的太白楼、太白书屋、文物陈列室；此外还根据李白诗中记述的情形修建了竹园、洗墨池和桃花潭等，具有我国古典园林建筑风格，古朴典雅。文物陈列室陈列有李白手迹；历代文人名流的题字、对联、碑刻、文物3千余件，郭沫若生前为纪念馆亲笔题写了馆名，宋庆龄、何香凝曾专为纪念馆录写了李白诗词。

李自成陈列馆

位于湖北省通山县高潮乡九宫山主峰的北面。为纪念明朝末年农民起义的著名领袖李自成而建。李自成（1606—1645），明末农民起义领袖。出身农民家庭。崇祯二年（1629年）起义，后为闯王高迎祥部下的闯将。勇猛有谋略，后声望日高。1636年高迎祥牺牲后，他继称“闯王”。1638年在潼关战败，仅剩刘宗敏等十余人，隐伏商雒山中（在豫陕边区）。1639年东山再起。崇祯十三年（1640年）又在巴西鱼腹山被困，12月以50骑从巴西突围，由郧、均进入河南。其时中原灾荒严重，阶级矛盾极度尖锐。他用李岩等提出的“均田免赋”等口号。获得广大人民的欢迎。部队发展到百万之众，成为农民战争中的主力军。崇祯十六年（1643 年）在襄阳称新顺王，同年进占西安。1644 年正月，在西安建立大顺政权，年号永昌。2 月向北京进军，3 月 19 日攻克北京，推翻了明王朝。

起义军由于长期流动作战没有巩固的根据地，领袖又犯了胜利时骄傲的错误，以至被吴三桂所勾结入关的清军打败，退出北京。以后他又率军转战河南、陕西等地。永昌二年（1645 年）在湖北通山九宫山被地主武装杀害。陈列馆系用条石水泥结构，琉璃瓦屋顶，里面展出李自成生平事迹及文物照片。

李时珍药物馆

位于湖北省蕲春县蕲州镇。1969 年 11 月 28 日落成。邓小平同志为李时珍药物馆题写了馆名。李时珍（1518—1593），明代杰出的医药学家。字东璧，号濒湖，蕲州（今湖北蕲春）人。他经过 27 年艰苦劳动，著成《本草纲目》52 卷，对 1892 种药物做了介绍，其中比以前的《本草》新增药物 374 种。这部书总结 16 世纪以前我国劳动人民丰富的药物学经验，对后世药物学的发展作出了重大贡献。在博物学上还为世界学人所推重。蕲州镇是我国古代伟大的医学家李时珍出生和成长的地方。这座药物馆内展出了《本草纲目》中记载的部分药用植物、矿物、动物标本 310 种。高 1.2 米的李时珍半身铜像矗立在馆内正厅。

李明瑞、韦拔群烈士事迹陈列馆

位于广西南宁市南湖公园内。1929 年 12 月 11 日和 1930 年 2 月 1 日，邓小平等同志领导百色起义和龙州起义。创建了红七军、红八军，开辟了左右江革命根据地。当时李明瑞任红七军、红八军总指挥，韦拔群任红七军第三纵队司令。他们在创建红七军、红八军，开辟和保卫左、右江革命根据地斗争中，立下了不朽功绩。陈列馆立于嘉树秀竹之中，濒临波光潋滟的南湖，是一座结构严谨、富有民族特色的祠堂式建筑，雪白的粉墙，蓝色的琉璃瓦，显得特别素洁庄严，馆前小广场中心，耸立着一座巨大的红色大理石像，基座正面刻有邓小平同志题词："纪念李明瑞、韦拔群同志，百色起义的革命先烈永垂不朽！"基座上是高达 4.5 米的百色起义烈士群像：红旗下，韦拔群手持望远镜，李明瑞手握驳壳枪在指挥战斗；左侧是持枪的工人武装队员，右侧是武装的各族儿女，后面是警备大队的战士。是 1984 年为纪念百色起义和龙州起义 45 周年而建立。馆内展出百色起义和龙州起义烈士的部分文物、照片。

李苦禅纪念馆

位于山东济南市万竹园。万竹园是一个风景优雅，花草名泉丰盛的古代庭园。它始建于元代，因竹林茂密、浮云蔽日而得名。我国当代杰出的大写意花鸟画家、书法家、人民的美术教育家李苦禅先生纪念馆就坐落在这座优雅秀婉的万竹园内。李苦禅先生于 1899 年出生在山东省高唐县一个贫苦农民家庭里，少年时在民间绘画艺人的影响下毅然走上了艰苦的艺术征程。先后受教于徐悲鸿、齐白石大师门下。1925 年于北京国立艺专毕业后即投身于教育事业。1934 年曾在济南中国艺术专科学校任职。解放后，在中央美术学院任国画教授，后并任“中国画研究院”院务委员、中国美术家协会理事与政协全国委员会委员。纪念馆共设 16 个展厅，珍藏着大师 30 年代以来到晚年的杰作 400 余件，手稿及其收藏的部分珍贵文物等。苦禅大师 84 岁高龄时作的丈二匹《盛夏图》：花如盆，叶如盖，硬似钢筋，暴似淋漓，烟云奔腾，变化多端，层次无穷。如置身荷塘之滨，令人顿觉荷塘清香，是我国写意画罕见之巨作。

苏东坡纪念馆

位于杭州苏堤南端。1989 年 7 月 15 日落成。北宋文学家、书画家。苏东坡纪念馆占地 1300 平方米，建筑面积 400 平方米，由一幢仿古小楼改建而成。楼前小园中两棵大树下竖立着一尊苏东坡石雕像。整个纪念馆古朴典雅，掩映在西湖畔绿树丛中。苏东坡曾在杭州两任地方官，历时达 5 年之久。

苏皖边区政府旧址纪念馆

位于江苏省淮阴市。苏皖边区政府迎着抗日战争的烽火在淮阴成立，为巩固和发展苏皖边区根据地，进行了长期的斗争，写下了光辉的一页。为纪念抗日战争胜利和解放淮阴城 40 周年而建立该馆。

杜甫纪念馆

坐落在陕西省樊川朱坡与皇子坡之间的杜公祠。是唐代伟大诗人杜甫的纪念建筑。杜甫（712—770），字子美，尊称为“诗圣”。先代原籍襄阳（今属湖北），后迁巩县（今属河南）。他的诗反映出唐代由盛转衰的历史过程，被称为“诗史”，是我国古代诗歌的现实主义高峰。现存杜诗 1400 余首。

杜甫故里纪念馆

位于河南省巩县老城东 1 公里的南窑湾。这里山环水抱，富于诗情画意。村中央有一所清静雅致的四合院，坐东面西，背靠笔架山。长约 20 米，宽约 10 米余。靠山有 15 米深的砖砌窑洞一孔，唐先天元年（712 年），杜甫诞生于这孔窑洞中。

山后有一块小盆地，相传是杜甫的磨砚砚台池。窑洞左侧有青石碑一方，正面楷书“唐杜工部讳甫位”，系1963年由站前街杜甫祠移来。院外正西300米公路旁，有青石基砖瓦碑楼一座，碑正面楷书“唐工部杜甫故里”，清乾隆三十一年（1766年）立。碑楼东侧外壁嵌青石碣一方，为“唐工部杜文员公碑记”，系清同治十二年（1873年）杜甫后裔合立。大门外西侧也有“诗圣故里”碑一方，为雍正五年（1727年）所立。解放后，为纪念杜甫故居为纪念馆于1962年。近年进行扩建，主要建筑有；诗圣碑林、杜甫铜像、“诗圣游历”图象碑、“望岳”碑、“艺苑春晖”碑、杜甫纪念碑、汉白玉杜甫站像等。

杨子荣纪念馆

位于山东省牟平县宁海镇。1990年开始筹建，1991年7月1日建成开放。杨子荣是全国闻名的特级侦察英雄。1917年

1月28日出生在山东省牟平县宁海镇嵎峡河村一个贫民家庭。1945年9月8日参加八路军，1946年春加入中国共产党，1947年2月23日，在黑龙江省牡丹江地区海林县北部梨树沟山里闹枝子沟追剿残匪战斗中英勇牺牲，时年31岁。他牺牲后，被东北军区司令部授予“特级侦察英雄”的光荣称号。家乡人民为缅怀这位好儿子特建纪念馆，于当年闻名全国的“雷神庙战斗”遗址。馆内用大量文字、图片和实物资料，展示了杨子荣光辉的一生。展厅共分四部分，主要介绍了杨子荣童年的苦难生活；东北剿匪；只身进入杏树村说降400多名土匪；活捉“许家四虎”，生擒姜左撇子；智取座山雕等。馆内还展出了许多烈士的真人照片。

杨子荣烈士纪念馆

位于黑龙江省海林县杨子荣烈士陵园内。杨子荣（1917—

1947)，全国闻名的特级侦察英雄。山东牟平县宁海镇人。1947 年 2 月 23 日，在东北牡丹江地区海林县追剿残匪战斗中光荣牺牲。被授予“特级侦察英雄”称号。

杨靖宇纪念馆

位于吉林省靖宇县城中心。原建于 1963 年，同年 11 月 5 日落成开放。纪念馆共分：序幕；初期革命活动；在抗日战争时期；壮烈殉国；永垂不朽等 5 个部分。陈列了杨靖宇烈士的遗物、遗著和有关革命文物、图片等 130 余件，较系统地介绍了杨靖宇将军和抗日联军的书迹。为纪念伟大的民族英雄、优秀的共产主义战士、原东北抗日联军第一路军总指挥——杨靖宇将军殉国 40 周年，缅怀其光辉业绩，教育后代而重建。并于 1980 年 1 月 10 日落成，2 月 23 日（杨靖宇将军殉国纪念日）对外开放。新建的纪念馆为两层灰色带有排廊、飞檐翘角、尖顶的小楼。序厅正面墙上，以深红色丝绒为背景，衬托着朱德同志 1957 年 2 月 15 日手书“人民英雄杨靖宇同志永垂不朽”13 个金光闪闪的大字。展室正面置杨靖宇将军半身石塑像，烈士方正的脸上，正气肃然，浓眉下那双深邃的目光凝视着远方。手中的望远镜好像刚刚放下，似沉思，在斟酌战胜敌人的策略；似向往，想着共产主义壮丽的明天。陈展室里用大量的图片、文字和实物资料反映了杨靖宇将军光辉的一生。其中有杨靖宇将军的两篇文章：《与友人论修学方法书》和《战区灾民生还时之感想》，文章表述了他主张理论联系实际之学习方法，主张谦虚好学之治学态度；同时表达了其忧国忧民的沉痛心情。《确山农民起义》油画，描绘了 1927 年 4 月 5 日，时年 22 岁的杨靖宇，率一支万余人的农民起义军打开了确山县城，活捉伪县长，建立了人民政权的史实，同时还展出了起义时他使用的“七星剑”。《不要做没有油的灯芯》绘画，反映了杨靖宇 1929 年奉中共中央之命到东北地区工作后，在盘石游击队党小组会上，同党员同志们讨论革命根据地问题的情景。还有“野草”、“树皮”战士野营用的铁锅等。

抗日战争纪念馆

位于卢沟桥西侧新修复的宛平古城内。为纪念中国人民抗日战争爆发 50 周年而建。纪念馆占地 2 万多平方米。磨光花岗岩为外墙的纪念馆，其正面外形呈古牌楼状，与左右两座宛平楼相呼应。馆前一尊巨大的醒狮雕塑，象征着觉醒了的中华民族的雄浑气魄。纪念馆上方正中，邓小平题写的金色馆名闪闪发光。1937 年 7 月 7 日，日本侵略军向北平（今北京）西南的卢沟桥发动进攻，8 月 13 日又在上海发动进攻，两地中国军队奋起抗击，从此开始了全国抗战。8 月 25 日，中共中央在陕北洛川召开政治局扩大会议，通过了抗日救国十大纲领，作为领导全国人民争取抗战胜利的根本方针。同时决定将红军主力

3万人左右，改编为国民革命军第八路军（后称第十八集团军），开赴华北抗日前线。9月22日，国共两党抗日民族统一战线正式宣告成立。10月2日，南方各省的红军游击队也决定改编为新四军，开赴华中前线，抗击日军。八路军和新四军依靠广大人民群众，在敌后开展了，广泛的独立自主的游击战争，建立了许多抗日根据地，迫使日本侵略军在1938年10月占领武汉、广州后停止前进，战争进入相持阶段。此后，日本侵略者以主要军事力量对付共产党领导的敌后战场，对国民党则采取以政治诱降为主的政策。国民党政府在被迫实行抗战后，继续反共反人民，在抗日的正面战场上节节败退，以汪精卫为首的一派于1938年底公开投降日本，随后，在沦陷区成立傀儡政权。组织伪军，协同日本侵略军进攻抗日根据地。中国共产党及时提出了“坚持抗战、反对投降”，“坚持团结、反对分裂”，“坚持进步、反对倒退”的口号。蒋介石则采取了“消极抗日，积极反共”的方针。同时，国民党还大搞所谓

“曲线救国”，指使一部分军队和官员投降日本和日军一起进攻解放区。在此期间，中国共产党采取了依靠进步势力，争取中间势力，孤立顽固势力的方针，领导根据地军民，战胜了国民党的 3 次反共高潮，抗击了大部的侵华日军和几乎全部的伪军，发展和壮大了八路军、新四军、华南抗日游击队和各个抗日游击队，并从 1942 年起。开展了具有伟大历史意义的整风运动。这一切为夺取抗日战争的胜利准备了物质和精神的条件。中国共产党在敌占区和国民党统治区也广泛开展了各种形式的抗日斗争。东北抗日联军在十分困难的情况下坚持战斗。1945 年 4 月，中国共产党召开第七次全国代表大会，总结了历次的经验，为建立新民主主义的新中国，制定了正确的路线、方针和政策。从 1944 年起，八路军、新四军转入局部反攻。1945 年 8 月 8 日，苏联对日宣战，并出兵中国东北。次日，毛泽东号召中国人民的一切抗日力量举行全国规模的进攻。8 月 15 日本宣布无条件投降。9 月 2 日，日本正式在投降书上签字，9 月 3 日成为中国抗日战争胜利的纪念日。

纪念馆一期工程 1987 年 7 月 6 日落成。完成建筑面积 5400 平方米，纪念馆分序厅、东展厅、西展厅和半景厅。序厅内 15 个方形藻井组成的屋顶下，悬挂着 8 座方形古钟。大厅正面一组 4 米高。18 米长的巨大艺术浮雕，表现了以国歌中“把我们的血肉筑成新的长城”为主题的中国人民抗日战争的伟大业绩。序厅两侧墙面上镌有《义勇军进行曲》和《八路军进行曲》的乐谱。东西展厅内系统陈列着在中国共产党抗日民族统一战线方针的指导下，全民族反抗帝国主义侵略的历史文物和珍贵照片、资料。国民党军正面战斗和爱国将领的抗日业绩，也有恰当的反映。

抗美援朝纪念馆

坐落在辽宁省丹东市。为缅怀革命先烈和志愿军战士的英雄业绩，教育后代进一步发扬爱国主义、国际主义和革命英雄主义精神，进一步巩固和发展中朝两国用鲜血凝成的战斗友谊，经国务院和中央军委批准修建，1990 年 10 月 24 日奠基扩建，将于 1993 年 7 月竣工开放。1950 年 6 月 25 日，美帝主义唆使南朝鲜李承晚集团进攻朝鲜民主主义人民共和国；接着，又把第七舰队派往中国台湾。9 月 15 日又纠集 15 个国家的军队，打着联合国的旗号，在朝鲜仁川登陆，并不顾中国人民一再警告，把战火引向中国边境，轰炸中国安东（今丹东）等地。中国人民响应毛泽东发出的“抗美援朝，保家卫国”的号召，组织中国人民志愿军，于 10 月 25 日开赴朝鲜前线和朝鲜人民军并肩作战，抗击美国侵略军。11 月 4 日，中国各民主党派发表联合宣言，在全国范围开展抗美援朝保家卫国的群众的运动，并成立了抗美援朝总会。于是轰轰烈烈的抗美援朝运动就在全国兴起。全国人民广泛开展支援志愿军的活动，大批青年工人、农民和学生踊跃报名参加志愿军，成千上万的农民、铁路员工、汽车司机和医务人员，到前线担任战地勤务和运输工作；在国内，人民纷纷推行爱国公约，捐献飞机大炮，慰问志愿军和志愿军家属，开展增产节约运动，支援前线战斗。在朝中人民军队的沉重打击下，美帝国主义连遭失败。1953 年 7 月 27 日，被迫在朝鲜停战协定上签字。至此，朝中人民军队取得抗美援朝战争的伟大胜利，中国人民的抗美援朝运动也胜利结束。抗美援朝纪念馆由纪念塔、陈列馆、全景馆 3 部分组成，占地面积 18000 平方米。建筑面积 8595 平方米，馆内以全景画形式再现了中国人民志愿军赴朝参战的光辉史绩。

吴昌硕纪念馆

位于浙江余杭超山。为纪念中国近代书画家、篆刻家吴昌硕而建。1988 年 2 月修复开放。吴昌硕（1844—1927），名俊卿，原名俊，字昌硕、仓石，别号仙庐，浙江安吉人。艺术上自成一家，书法擅长石鼓文。篆刻钝刀硬入、朴茂苍劲；绘画笔墨坚挺，气魄厚重，色彩浓郁，结构突兀。余杭超山是吴昌硕长眠之地，因其生前酷爱梅花，此处索有“十里梅花香雪海”之称，故其 1927 年病逝后，按遗愿葬于此。纪念馆修复展出了在十年动乱中被毁的吴昌硕《宋梅图》；任伯年《饥看天图》；王震《伍庐讲艺图》和《基袭》等 4 块碑刻。扩建后的纪念陈列室里，新增了吴昌硕先生遗墨，展出了各地书面家的纪念作品。

吴敬梓纪念馆

在安徽省全椒县襄河镇城北河湾。吴敬梓（1701—1754），清小说家，字敏轩，晚号文木老人，安徽全椒人。出身官宦世家，少随父宦游大江南北。父去世后，他不善治生，又慷慨好施，挥霍无度，被族人视为败家子。32 岁迁居南京，早年考中秀才，后因科举失意又经家道中落，对现实有比较清醒的认识，从而厌弃功名富贵，绝意仕进。35 岁时，安徽巡抚曾荐举他应博学宏词试，以病不赴。此后生计更为艰难，靠读书和友人接济过活。怀着愤世疾俗的心情，写成中国讽刺文学杰作《儒林外史》，从多方面刻画士大夫利欲熏心，虚伪丑恶的面貌，暴露封建社会的腐朽黑暗，对科举制度和礼教作了深刻的批判和嘲讽，具有高度的思想性和艺术成就。作品还有《文木山房集》12 卷，今存 9 卷。解放后，在其故居建“吴敬梓纪念馆”。纪念馆“门厅”两侧有 4 座直径为 80 厘米的“旗杆石”，原是吴敬梓故居——“探花第”。过厅迎面上方，悬挂着宋代大文学家、书法家黄庭坚三十二世孙黄绮先生书赠的“讽谐寓真”匾额，字体古拙浑厚，题意精到。过厅正中矗立着 3 米多高的巨大碑刻。碑的正面是鲁迅的词题；背面是吴敬梓传。展厅大厅中一尊 2 米多高的吴敬梓塑像，正襟危坐，手握长卷，凝视远方，显得庄严肃穆。大厅上方是我国著名书法家沙孟海、王蘧常书写的大型匾额；东西两侧是何香凝、周谷城、老舍、程太发、李苦禅、陈毅、郭沫若等书画名流惠赠的墨宝。陈列橱柜展出了各种版本的《儒林外史》和6种外文的翻译本。还有吴敬辞仅见的手迹《奉题雅两大公祖出塞图》诗(影印件)。东厢展厅的陈列品充满浓厚的学术研究气氛，橱柜里展出了当今研究《儒林外史》的专著论文；西厢展厅主要陈列的是“园石刻”。石刻为吴敬梓曾祖吴国对的手书，其内容为孝经家训和诗文书札。书体为楷、行、草，风格流畅透逸，功力深厚，颇得书家推重。《余椒具志》评为“书法兼右军，松雪所长，碑牌存者，十人争拓之。”这里陈列的还有吴国对的墨迹即事诗10首；《吴氏家世简谱》。整个建筑格局跌宕错落有致，显得古朴典雅，既有南方园林之秀，又有北方古建之雄。

邹韬奋纪念馆

位于上海市重庆南路205弄（万宜坊）53号。纪念馆陈列室中有照片、遗物、文献资料以及邹韬奋的著作和他主编的各种刊物。陈展品概要地介绍了邹韬奋一生战斗的历程和光辉的业绩。邹韬奋（1895—1944），中国现代杰出的新闻记者、政治家和出版家。原籍江西余江，生于福建永安，原名恩润。1909 年入福州工业学校学习。1919 年转学到上海圣约翰大学，学习外国文学。1926 年在上海主编《生活》周刊，他改变编辑方针，革新内容和设立读者信箱，关心群众的疾苦和反映他们的要求，使《生活》周刊成为读者欢迎的刊物。后因反动派的压迫《生活》周刊被迫停刊。但邹韬奋不屈于强暴，又先后创办了生活书店及其他刊物。1933 年参加中国民权保障同盟，受到国民党的迫害，流亡海外。1935 年回国，先后在上海、香港主编《大众生活》周刊和《生活日报》《生活星期刊》。1936 年与沈钧儒等爱国人士因积极参加抗日救国活动而被国民党政府逮捕，为七君子之一。七七事变后获释。抗战开始后，在上海、武汉、重庆等地主编《抗战》《全民抗战》等刊物。

1941年“皖南事变”后，被迫出走香港。1942年1月，离香港到东江抗日根据地。1943年赴上海治病，1944年7月24日在上海病逝。1945年9月28日中共中央根据其遗嘱的要求，追认他为中共正式党员。主要著作汇编为《韬奋文集》。纪念馆弄口馆额为沈钧儒所题。

邱少云烈士纪念馆

在四川铜梁县城西门凤山顶。占地1300平方米，与人民公园毗邻，花木扶疏，泉石清雅。邱少云（1931—1952），四川铜梁人。1949年参加中国人民解放军，1951年参加中国人民志愿军，1952年10月12日，在朝鲜前线391高地反击战中，他严守潜伏纪律，忍受烈火烧身的剧痛而光荣牺牲。为弘扬烈士牺牲精神，在纪念馆内建有烈士纪念碑，碑上镌刻着朱德题“邱少云烈士纪念碑”8字碑文，碑高10米，碑顶是5米的烈士塑像。馆内有英雄事迹陈列室。

宋步云艺术陈列馆

位于山东省潍坊市。1990 年 4 月成立。宋步云是中央美术学院的教授，从事艺术活动迄今已 60 余年。他以精湛的中国画、水彩画、油画创作驰名，作品曾多次在国内外参展并为许多美术馆和博物馆收藏。陈列馆陈列宋先生不同时期的代表作品。方毅同志为陈列馆题名。

沈寿艺术馆

坐落在江苏省南通市。1992 年 5 月 18 日落成。沈寿生于 1874 年，是我国杰出的刺绣艺术家、教育家和刺绣理论家，有“神针”、“绣圣”之称。她毕生从事刺绣，创办了中国第一所刺绣学校——南通女红传习所，开创了我国职业教育之先河，为中国妇女的自立作出了贡献。

沙家浜革命传统教育馆

坐落在江苏省常熟市芦荡乡（今沙家浜镇）。为纪念新四军东路抗战的丰功伟绩，开展革命传统教而建。1991 年 6 月 30 日落成开放。该馆为一幢面积 1300 平方米的三层楼建筑。它以丰富的内容、翔实的史料，再现了当年新四军战斗在阳澄湖地区的英勇业绩。芦荡乡在抗日战争时期，曾是我党领导下的苏常地区敌后抗日根据地，军民团结与日伪顽进行了可歌可泣的斗争。当年 36 名新四军伤病员在该乡芦荡中隐蔽养伤的事迹，被编成沪剧《芦荡火种》，后又被改编成京剧《沙家浜》。馆前矗立着一座 8 米高的四方体，意味着纪念新四军和八路军的丰功伟绩。

张仲景纪念馆

坐落在河南省南阳市东关温凉河畔。为纪念东汉医圣张仲景而建，原为“医圣祠”。据清代《医圣祠图志》记载，祠分正偏两院，正院有山门、中殿、两庑；偏院有医圣井、医圣桥、素门亭、内经楼等。祠坐北朝南，山门上有“医圣祠”3字，旁署“雍正丁未孟秋立”。大门左侧立有“医圣张仲景故里”碑，为清光绪年间南阳知府所建。大门内10米许为张仲景墓，星圆丘状，覆砌以青砖，有亭庇护。墓前立“万代医宗长沙太守医圣张仲景先生之墓”，旁有小字，记述其名讳及简历。墓后有中殿、大殿。大殿中有张仲景彩绘塑像，身着黄衫，面目清癯。两侧各有廊庑3间，收藏中医文献，解放后辟为“张仲景纪念馆”。陈列和展出其生平事迹和医学成就。南阳市卫生部门在此设有中医研究所和卫生学校。1982年，卫生部在此建立了“张仲景医史文献馆”。张仲景（150—219），汉末名医，名机，南阳郡（今河南南阳）人。著《伤寒杂病论》，后人把它分作《伤寒论》和《金匮要略》两书。《伤寒论》是我国第一部论述多感热情病的专书；《金匮要略》以论述内科杂病为主，也涉及一些妇科及外科病。张仲景在中医学上的贡献表现在诊断和治疗两个方面。诊断方面，对复杂和病情进行分析归纳，先分析是阴症还是阳症，进而辨明表里，再辨明虚实、寒热，形成中医诊断学上的“八纲”原理。治疗方面，他用汗、吐、下、和、温、清、补、消概括了各种症状的疗法。这些都被后世医家视为准绳，他本人也被后学者奉为“医圣”。

张恨水陈列室

位于安徽省潜山县文物管理所院内。为纪念中国现代通俗文学大师张恨水先生而建。1988 年 10 月 8 日正式对外开放。张恨水（1895—1967），现代作家。原名张心远，祖籍安徽潜山，生于江西南昌。20 年代发表章回小说，早期重要作品有长篇小说《春明外史》《金粉世家》等。30 年代写有《啼笑姻缘》《夜深沉》《落露孤鹜》《满江红》等长篇小说，反映小市民及小知识分子阶层的生活遭遇，拥有广大的读者群。抗日战争时期的长篇小说有《热血之花》《石头城外》《大江东去》《巷战之夜》《蜀道难》等，其内容以抗日战争为背景，描写市民阶层的悲欢离合。抗战末期到解放战争时期的长篇小说有《八十一梦》《纸醉金迷》《魍魉世界》《五子登科》等，揭露国民党反动政权的腐败，具有进步意义。解放后，当选为中国作家协会理事，被聘为文化部顾问及中央文史馆馆员，继续从事写作。除修订再版《秋江》《啼笑姻缘》《魍魉世界》《五子登科》等旧作外，还改写历史故事《梁山伯与祝英台》《白蛇传》《孟姜女》等，并为海外报刊撰写小说杂文、游记等。张恨水陈列室展厅 80 多平方米，布置典雅。展览版图文并茂，以大量照片、画幅和复印件配以简洁的文字反映出张恨水先生的生平和创作道路；陈列橱分别陈列了张恨水生前的花瓶、画缸、笔筒、砚池等文房用品和不同版本的张恨水部分著作及其手稿、书信等。陈列室内还有著名法学家、全国人大法制委员副主任张友渔先生的题字和著名杂文家、原《新民晚报》社长赵超构先生的题词。

张思德纪念室

位于四川省仪陇县。张思德（1916—1944），中国无产阶级的革命战士，四川仪陇人。1932 年参加中国工农红军，同年加入中国共产主义青年团，接着加入中国共产党。经过长征，负过伤。他勤勤恳恳，全心全意为人民服务。1944 年在担任中共中央警卫团战士时，到陕北安塞县山中烧炭，9 月 5 日因炭窑崩塌，光荣牺牲。9 月 8 日，中共中央直属机关为他举行追悼会，毛泽东同志在会上做了《为人民服务》的重要讲话，号召全党、全军和全国人民学习和发扬他全心全意为人民服务的革命精神。解放后，烈士家乡人们为缅怀这位无产阶级革命战士而辟此纪念室。

张骞纪念馆

坐落在陕西省城固县。为纪念西汉时期著名外交家、探险家，西汉开辟西域道路的第一个使者张骞而建。张骞（公元前164—公元前 114 年），汉中城固（今陕西城固）人。他奉汉武帝之命，先后两次出使西域。第一次出发时间为建元二年（公元前 139 年），目的是联络西迁的大月氏，共同夹击控制西域匈奴。途中被匈奴扣留 10 年，后得隙逃脱，翻越葱岭，经大宛、康居到达大月氏。其时大月氏已在大夏定居，不想与匈奴打仗，张骞逗留年余，只好无望而归。归途又被匈奴扣留年余，后又设法逃走，于元朔三年（公元前126年）返抵长安，被武帝封为博望侯。第二次出发时间为元狩四年（公元前119年），目的是招引乌孙回河西故地，并与西域各国联系。此行目的虽未达到，但张骞和他的副使都相继引来了乌孙、大宛、康居、大厦等国的使者。他的两次出使，沟通并加强了与中亚各地人民的友好关系，打通了中西通道，开拓了丝绸之路，促进了中西经济、政治、文化的交流和发展，在中西关系史上写下了光辉的篇章。为纪念这位历史名人，1988年7月决定修建“张骞纪念馆”。

陆羽纪念馆

坐落在湖北省天门市。陆羽（733—804），唐代诗人、科学家，唐复州竟陵（今湖北天门）人，字鸿渐，自称桑苎翁，又号东冈子。性格诙谐，闭门著书，不愿为官，曾一度为伶工。与女诗人李秀兰、僧皎然颇友好。以嗜茶著名，并对茶道很有研究，旧时视他为“茶圣”。撰有《茶经》对茶之源流、饮法以及茶具论述特详。又能诗，但传世者仅数首。纪念馆主要建筑有故居、山门等。

陈化成纪念馆

位于上海市临江公园。为纪念民族英雄陈化成殉国150周年而建，于1992年6月16日落成。陈化成（1776—1842），福建同安人，号莲峰，行伍出身。历任总兵、提督。1840年（道光二十年）在福建水师提督任内，率舟师发炮屡挫英船。同年调任江南提督，目睹英国侵略军自广东恣意进犯，在两江总督裕谦支持下，铸铜炮、制火药、修炮台，与士卒同甘苦，在吴淞积极设防。1842年6月英舰进犯吴淞炮台时，坚决反对两江总督牛鉴畏敌求和。16日拂晓英军猛攻，他挥旗发炮，率部抵抗。激战两小时余，击伤英舰多艘，并以肉搏战打退敌军进攻。后因牛鉴从宝山溃逃，英军登陆，孤军无援。七处负伤，以身殉国，守台官兵80余人亦壮烈牺牲。

纪念馆运用实物、模型、图片及现代化音像，全面介绍了民族英雄陈化成少年从军、屡建战功、临危受命，血洒宝山的事迹。全国政协副主席赵朴初为纪念馆题写了馆名。这里已成为弘扬爱国主义精神，运用近代史教育人民的重要场所。

陈嵘先生纪念室

坐落在浙江省吉安县晓墅镇三社村。1988年3月1日落成。陈嵘先生为我国著名林学家、教育家、林学的开拓者之一。吉安县晓墅镇三社村为其故乡。陈嵘先生塑像同时落成。

陈嘉庚先生生平事迹陈列馆

位于福建厦门市集美学村内陈嘉庚先生故居西侧。为纪念著名爱国华侨领袖陈嘉庚而建。1983 年建成。陈列馆系一幢三层楼房。底层南端为会客客，余为陈列室。共分三室，每室开头都有一篇前言，概述全室展品内容。底层为第一室，有陈嘉庚半身像和毛泽东主席题词："华侨旗帜，民族光辉" 8 个大字。此室以"经商南洋，情深乡土"为题介绍陈嘉庚的家世，少年时代、出洋经营实业以及个人俭朴生活的情况；二楼为第二室，标题是"倾资兴学，百折不挠"，介绍他兴学动机、办学的规模和艰苦历程，以及举办其他文化公益事业的事迹；三楼为第三室，标题是"赤诚爱国，鞠躬尽瘁"，介绍他参加同盟会，支持辛亥革命，团结华侨，抗日救亡，维护华侨权益，以及拥护共产党，热爱新中国，关心祖国统一大业的事迹。陈列馆以大量的实物、图片、文献资料，生动地表现了陈嘉庚一生的光辉业绩。

武训纪念馆

坐落在山东省冠县柳林镇。武训（1838—1896），原名武七。清山东堂邑（今聊城西）柳林镇武家庄人。清朝末年，通过乞讨，积资巨万，办起3所大学，堪称奇人。奇在理想的宏大，喊出“办个义学为寒”的口号；奇在方法的卑贱，把自己当作丑角，作践自己行乞集资；奇在意志的顽强，为办学百折不回。曾得到清政府的嘉奖，被封为“义学正”。现代教育家陶行知先生曾赞誉他：一无钱，二无带山，三无学校教育。他有合于大众需要的宏愿，有合于自己能力的办法。公私分明的廉洁，有坚持到底的决心。为纪念这位奇人及其业绩而建此纪念馆。

武昌起义军政府旧址纪念馆

位于湖北省武汉市武昌阅马场北端。建于1909年，原为清朝末年湖北咨议局大楼，建筑式样袭用西方会堂建筑，屋顶有西欧教堂式望楼耸立，两翼配以两层楼房，屋顶覆盖红瓦，外墙又用红土套粉，协调壮观。1911年（宣统三年）清政府借实行铁路国有名义，将民办的川汉、粤汉铁路收归国有，并以铁路修筑权为抵押，向英、法、德、美四国银行团借款，激起川、鄂、湘、粤各省人民的反抗。四川成立保路同志会，举行请愿，遭到镇压，处展为各县人民的武装反抗。清政府派端方从湖北率新军入川。在同盟会的影响下，早已在湖北新军和会党中积蓄了力量的文学社和共进会，决定于10月9日起义。9日上午共进会领导人孙武检查炸弹失事受伤，在汉口的机关被破坏，文学社领导人蒋翊武闻讯，改定当夜发动。因送信人未能到达炮营，号炮未响，各营未动，而武昌的机关又被破获，彭怂藩，刘尧澂、杨宏胜三人遇害，蒋翊武被迫出走。10日上午，湖广总督瑞方和第八镇统制张彪将按名册捕人，形势紧逼，革命党人暗中联络在当晚起义。晚7时工程营熊秉坤率队占领楚望台军械局，各营奋起，向总步督进攻，瑞方、张彪等逃走，遂占领武昌。时孙武、蒋翊武均不在场，革命党人强推清协统黎元洪出任军政府都督，发表宣言，号召各省起义。湖南、陕西、江西等省相继响应，形成全国规模的辛亥革命。辛亥革命武昌起义成功后，成为革命军首府旧址，门前立孙中山先生的铜像。门上悬有宋庆龄题字“武昌起义军政府旧址“的大理石标牌，大门南面是黄兴拜将纪念台。1981年建纪念馆。

纪念馆经复原陈列的有：军政府大门、军政府礼堂、黎元洪住房和会客室、黄兴召开军事会议的地方以及孙中山会见湖北军政各界人员处。馆内设有“辛亥革命武昌起义史迹展览”，展厅按历史顺序分为：起义前湖北概况、武昌起义的准备、武昌起义、湖北军政府的成立、武汉保卫战、推翻帝制建立民国6个部分，还陈列有刘静庵、吴禄贞烈士的墨迹等珍贵历史文物达500多件。

林巧稚纪念馆

坐落在福建厦门鼓浪屿晃岩路47号院。林巧稚（1901—1983），福建省厦门市人。少年时就读于厦门女子师范学校。1921年被协和医学院录取，八年后毕业并取得博士学位。1929年任协和医学院妇产科医师。1932年后曾先后赴英国伦敦医学院、曼彻斯特医学院和美国芝加哥医学院进修，1940年回国后，任协和妇产科主任。1942年至1948年，任北京中和医院的妇产科医师，1945年至1948年兼北大医院妇产科医师，1948年至1951年任协和医学院教授兼主任。1951年任协和医院、友谊医院妇产科教授兼主任。1955 年后历任中国科学院生物学地学部委员、中国科学院学部委员、中国医学科学院教授兼副院长、首都医院妇产科主任、全国人大常务委员会委员、全国妇联副主席、中华医学会妇产科学会主任委员。林巧稚大夫从事医学科研、教学、临床工作近 60 年，是我国近代妇产科事业的主要开拓者之一。她精湛的医术，高尚的医德，医风和为妇产科建设所做出的重大贡献，在国内外享有很高声誉。她不为名利所动，辞退居留海外的重金约聘，立足祖国的精神曾多次赢得党和人民的高度赞扬。晚年在病榻上，她完成了《妇科肿瘤》等巨著，为医学留下了宝贵财富。1901 年 12 月 23 日，她就诞生在厦门鼓浪屿晃岩路 47 号院。为缅怀著名妇产科专家林巧稚无私奉献精神，表达家乡人民对这位卓越医学家的深切怀念和崇敬之情而建立了该纪念馆。

林则徐纪念馆

在福建福州市澳门路。原为清政治家民族英雄林则徐祠堂。建于清光绪三十一年（1905年），1961年列为市级文物保护单位，后一度被占作民居，1982年按原样修复，辟为纪念馆。临街向东，第一道为枣红色屏墙，设左右边门，额题“中兴宗衮”、“左海伟人”，内壁新嵌“虎门销烟”大型浮雕，第二道为正门，额题：“林文忠公祠”。门墙作牌楼形，翘角飞檐，泥塑彩绘，气势雄伟。进门为庭院，正中有石遒通仪门厅，石道两旁峙立文武翁仲及马、虎、羊等石兽。左右为回廊，廊与正门通连，是陈放执事牌、仪仗的场所。仪门厅为悬山式，三开间。厅后亦有石道，通达御碑亭。亭为正方形，重檐九脊顶，内立三座青石碑，排列成“品”字形，一为圣旨，一为御赐祭文，一为御制碑文，均林则徐卒时所赐。祠厅在碑亭北侧书“福寿”匾额，厅内还有名人楹联等。堂旁有花厅两座，中隔花墙，南北相对，庭中有鱼池假山，左右有回廊相通。北花厅旁有园门通后院。内有一口池塘，环池有曲尺楼、竹柏轩等。全馆占地3000多平方米，建筑面积1200平方米，建筑物小巧玲珑，穿插以鱼池假山，宁静幽美。固定陈列以实物、图片为主，全面介绍林则徐生平事迹，并设有电化教育厅和资料研究中心。

林基路烈士纪念馆

坐落在新疆维吾尔自治区库车县老城西南角。这里是林基路烈士生前工作、生活的地方。林基路（1916—1943），广东台山人，原名为梁。1933 年加入中国共产主义青年团，1935 年加入中国共产党。在日本留学时，曾领导中国留学生爱国运动。1937 年回国参加抗日战争，1938 年由党派到新疆工作，曾任新疆学院教务长、库车县县长等职。1942 年 9 月被军阀盛世才逮捕，次年 9 月英勇牺牲。狱中著有《囚徒歌》等。解放后，旧居得到妥善保护。1977 年至 1978 年，在旧址建成纪念馆。纪念馆分旧居和烈士革命事迹陈列室两部分。旧居包括办公室、档案室和宿舍，陈列室陈列有历史照片、烈士信件以及他所创办的《奔流》等文艺刊物等珍贵文物。

青岛市革命烈士纪念馆

位于风景优美的芝泉山南麓，依山傍海，坐北朝南。1978年筹建，面积为19800平方米。主要建筑物有三座：一座烈士纪念馆和两座陈列楼。两座陈列楼坐落在烈士纪念馆前东西两侧，与纪念馆呈“品”字形，均为双层楼式。馆前广场有革命烈士群雕。

雨花台革命烈士纪念馆

位于江苏省南京市雨花台烈士陵园内。雨花台历史上曾经是一个风景秀丽的名胜区。1927年，以蒋介石为首的国民党反动派发动了“四一二”反革命政变，在南京建立了反动统治以后，雨花台就成为杀害共产党人和革命人民的刑场。成千累万的共产党人和爱国志士在这里惨遭杀害。雨花台的寸土片石都洒有革命烈士的鲜血。他们用宝贵的生命在中国革命史上谱写了光辉灿烂的诗篇。中国人民在中国共产党的英明领导下，经过长期艰苦卓绝的斗争，1949 年 4 月 23 日解放了南京，推翻了国民党的反动统治，取得了革命的胜利。为了永远纪念革命先烈，江苏省人民政府和南京市人民政府在雨花台兴建立了烈士陵园、纪念碑、纪念馆，广泛征集了烈士的英勇斗争事迹，整理陈列，供人们瞻仰、学习。纪念馆主体工程 1984 年 4 月破土动工，1987 年底完工，建筑面积 5900 平方米。1988 年 7 月 1 日正式对外开放。全馆共 6 个展厅，陈列展出 127 位烈士的史料，有照片 400 余张，文物 486 件，油画、国画、版画共 29 幅，浮雕 8 块，圆雕 4 座。结束厅里陈列着党和国家领导人及老一辈无产阶级革命家的题词手迹。纪念馆建筑宏伟、庄严、具有现代民族风格。邓小平同志题写的“雨花台烈士纪念馆”8个大字镶嵌在正门上方，闪闪发光，四周植苍松翠柏、环境幽雅。

范筑先纪念馆

位于山东省聊城市。为纪念民族英雄范筑先殉国50周年而建，1988年11月15日落成。“范筑先纪念馆”迎面的大理石纪念碑正中镌刻着邓小平同志亲笔题写的“民族英雄范筑先殉国处”10个遒劲的金字。碑石背面的文字简要介绍了这位名将的经历：将军原名金标，出身农家，因饥寒而从军，历任北洋陆军第四师连、营、团、旅长，冯玉祥部第十三军谘赞，第三路军少将参议，以及沂水、临沂县长，1936年任山东省第六区行政督察专员、保安司令兼聊城县县长。九一八事变后，将军虽年近花甲，抗日卫士之志不减，在鲁西北与共产党人并肩作战百余次，并教育全家同抵外侮，儿子牺牲于前线，又送次女参战。1938 年 11 月 14 日，日寇围攻聊城，与敌血战，于 15 日壮烈牺牲，时年 58 岁。

罗辀重纪念馆

坐落在湖南省娄底市西阳乡白鹭村陶龛学校。1987 年 5 月 10 日落成。罗辀重先生原湘乡谷水白鹭湾人。生于 1889 年，1950 年不幸逝世。罗先生年轻时曾赴美留学。回国后，毁家兴学，捐租 340 多石，创立私立陶龛小学，从事乡村教育达 30 余年，学生遍及国内外。

罗盛教烈士纪念馆

位于湖南新化县城资江桥头。罗盛教（1932—1952），中国人民志愿军一级模范，国际主义战士，湖南新化人。1950 年加入中国新民主主义青年团，1951 年参加中国人民志愿军。1952 年 1 月 2 日，在朝鲜平安道成川郡石田里冒着零下 20℃严寒，3 次跳入冰窟，救出滑冰落水的朝鲜儿童；自己因力竭光荣牺牲。被追认为“模范青年团员”，追记特等功，并荣获朝鲜民主主义人民共和国一级国旗勋章和一级荣誉勋章。家乡人民为缅怀这位舍己救人的国际主义战士特建纪念馆于此。

岭南画派纪念馆

坐落在广东广州美术学院院内。1991 年 6 月 8 日落成。岭南画派是近代中国画的一个流派。广东番禺高剑父、高奇峰兄弟和陈树人，早年师事花鸟画家居廉，后留学日本进修画艺。他们的作品，多写中国南方风物，在运用中国画传统技法的基础上，融合日本和西洋画法，注重写生，笔墨不落俗套。色彩鲜丽，别创一格，人称“岭南派”。岭南画派纪念馆展出了许多珍贵作品，用实物和图片反映了岭南画派的成长过程。纪念馆是广东国画事业进行学术研究、艺术创作美术教育的基地。杨尚昆同志为纪念馆题写了馆名。

庞薰琹美术馆

坐落在江苏省常熟市虞山南隅。为纪念著名画家、工艺美术教育家庞薰琹而建。1991 年 7 月落成开放。庞薰琹，江苏常熟人。1925 年，他赴法国深造，是我国第一代留学法国的艺术家。在法国，一个艺术团体以 2000 法郎月薪挽留他，但他毅然回到了苦难的祖国。解放前夕，他参加了美术界迎接上海解放的工作。解放后，他到中央美术学院任教。在周总理的关怀下，他为创建中央美术学院，殚精竭虑，任副院长、教授，是我国工艺美术教育的开拓者之一。他在艺术上富有创新的精神和严谨的态度。他善于将传统技巧同西洋画技法熔为一炉，显露了有意树立中国风格的努力。他年轻时就研究中国历代装饰纹样，深入云贵少数民族地区，涉猎搜集民间工艺，创作反映少数民族生活为主题的风俗画。庞薰琹一生坎坷、在几次政治运动中，他蒙冤受辱，部分作品被毁掉，但他始终没有泯灭事业心和爱国心，没有抛弃对理想的追求，1980 年加入中国共产党。1985 年逝世。其著作有《中国历代装饰纹样研究》《论工艺美术》等。庞熏琹逝世后，他的家属遵照他的遗愿，向常熟市捐赠 470 余幅遗作和庞氏故居。在轻工业部、江西省人民政府和中央工艺美术学院的支持下，常熟市建造了这座“庞薰琹美术馆”。美术馆是一幢总面积为 976 平方米的两层建筑，采用工艺美术抽象手法和中国传统大屋顶变形技法设计，中西合璧，造型新颖，色调淡雅，装饰简朴，象征者庞薰琹朴实、稳重的个性和艺术风格。正面墙上，装着著名书画家、前中央工艺美术学院副院长陈叔亮题写的馆名。右侧草坪上，安放着由中国美术馆馆长、著名雕塑家刘开渠创作的庞薰琹汉白玉胸像。展厅内收藏和陈展的有画家于本世纪 20 年代初留法期间的手迹，有 30 年代至 40 年代创作的油画、水彩画和白描，以及从事民族传统纹样研究所设计的作品，也有晚年所作的油画、水墨小品和速写，都布置在精致的镜框内。庞薰琹在实用装饰艺术方面的许多文图手稿，以及出版的各种画册、文集，陈列在玻璃柜内。陈列品中有部分是他在几次政治运动中蒙受冤辱幸得保存下来的稀世之品，是留给后人的珍贵财富。

郑和纪念馆

坐落在南京市马府街郑和公园内（原是郑和官邸的一部分）。1985 年 7 月 11 日落成。郑和是我国明代的一位伟大的航海家，对中世纪世界航海事业的发展起了重要的促进作用。他以自强不息，协和万邦的精神，披斩斩棘、艰苦奋斗，在海外广泛开展友好活动对促进睦邻关系，开展海外贸易、文化交流，作出了重大贡献。南京是郑和的第二故乡，自 1425 年起，郑和就任南京守备。据考查，马府街的郑和公园是郑和官邸的一部分。

纪念馆设在该公园的东南角，由两幢仿明建筑组成，四周围以花墙，形成园中之园。院内置以假山、修竹、池水、显得朴素大方，典雅幽静。楼下入门处，塑有郑和半身塑像，像后为郑和船队七次下西洋的巨幅油画。展览除序馆外，第二部分是展出重点，以文字和大量的实物、图表介绍了郑和下西洋的经过，当时发达的造船业、七下西洋的航海路线，庞大的船队组织和先进的航海技术。其中，当年郑和下西洋时铸造的“郑和铜钟”，郑和故居出土的文物及集美航校提供的精雕细刻的宝船模型最引人注目。手持航海图的郑和全身塑像，矗立在小桥畔，以宝船头造型为其底座，前面饰有波浪形栏杆，放眼望去，使人仿佛看到了当年郑和率队远涉洪涛的雄姿。

郑成功纪念馆

位于福建厦门市鼓浪屿日光岩北施。1962年2月为纪念郑成功收复台湾300周年而建。日光岩原是郑成功屯兵之处。纪念馆踞山面海砖石结构，共三层，周围植有梧桐、翠竹、玉兰、棕榈及其他花木。正门上方悬挂郭沫若题写的黑漆金字匾额“郑成功纪念馆”。馆内除序言厅外，设7个陈列室，展出各种实物、图片和文献资料、模型、雕塑300多件，系统地介绍郑成功的生平业绩，而以收复和开发台湾为重点。三楼陈列室有郑成功身着战袍、手按佩剑，威武地站在指挥台上指挥千军万马乘风破浪，奋勇东进的全身塑像，雄姿英貌，令人肃然起敬。陈列品中有郑成功的玉带、战袍残片，明代的各种兵器和台湾各种地图、高山族画像等物。其中郑成功铸造的银币“漳州军饷”，1960年在同安县发现的《海上见闻录定本》是极为珍贵难得的文物，有很高的史料价值。纪念馆还专辟一个陈列室，陈列党和国家领导人以及名人学者的题词和对联。馆左侧有一座文物亭，置放郑成功军队使用过的捣火药石臼，养马槽等文物。1962 年 11 月，郭沫若偕夫人于立群到此参观。即席赋诗一首：“故垒想雄风，海天一望中，漳州军饷在，二字署成功。”

冼夫人纪念馆

位于海南省琼山县新坡镇。1990 年 4 月落成。冼夫人是 6 世纪时岭南地区的百越女首领。她一生致力于祖国的统一、民族的团结，被隋文帝册封为谯国夫人。1991 年值建馆一周年之际，该馆的屋顶上安装了价值 2 万元的一对特大精制陶龙，馆前大门顶端还装有一条 3 米多长的精陶龙和 4 条大龙柱以及 4 个陶瓷狮子。

泸定桥革命文物纪念馆

坐落在四川省甘孜藏族自治州泸定县。泸定桥位于甘孜藏族自治州泸定县的大渡河上，在成都西南315公里处，它以其悠久的历史，川藏通行要道而著名，更以红军长征时在这里进行过激战而载入中国的革命史册，蜚声中外。

1935年5月29日，在王开湘、杨成武团首长指挥下，由廖大珠、王海云等22位红军勇士组成的突击队，在敌人将铺桥木板拆去的情况下。冒着弹雨，浴血奋战，攀着光溜溜的横空摆荡的铁索，向敌冲击。当快接近桥头时，敌人突然纵火桥头堡，顿时浓烟滚滚，烈火冲天，勇士们穿过大火占领桥头，后继部队相继而上，占领泸定全城。这使红军长征取得又一个对全局具有决定意义的胜利。纪念馆以大量的文物、图片、资料记述了这一史实。

屈原纪念馆

坐落在湖北省秭归县城1.5公里西陵峡北岸向家坪。为纪念我国古代伟大的爱国诗人屈原所建。原为屈原庙，建在屈原坨，始建于唐元和十五年（820年），北宋时改称“清烈公祠”。解放后，一直得到保护。后因处于葛洲坝水利枢纽工程回水区内，1975年迁于山上。屈原（约公元前340—公元前278年），名平，字原，又称“灵均”，楚国（今湖北）人，战国时楚国大臣、文学家。贵族出身，博闻强志，明于治乱，楚怀王时任左徒，图议国事。后遭谗贬为三闾大夫，流放汉北、江南。至秦兵入郢都，怀满腔哀怨和愤怒，自投汨罗江（在今湖南东北部）而死。著作主要有《离骚》《九歌》《九章》《天问》等，在我国文学史上有重要地位。据当地传说，屈原在湖南投汨罗江后，尸体被大鱼吞没。大鱼溯江西上，游至屈原坨，张开大口把屈原尸体吐出。于是人们就把屈原葬在这里，并建屈原庙以作纪念。新建的馆堂建筑采用我国的民族形式，主体建筑为二层楼房、大屋顶、飞檐碧瓦、白粉墙，肃穆端庄，正中悬挂着郭沫若书写的“屈原纪念馆”5个大字。一楼正厅陈列屈原生平事迹及有关文物。除主体建筑外，还建有屈原塑像坪、展览室、山门和衣冠冢。屈原衣冠冢位于馆后，墓门矗立着三层石碑坊，碑铭柱联，庄严古朴。墓门为前后室结构。后室陈列着屈原的大红楚棺。

孟良崮战役纪念馆

位于山东蒙阴。孟良崮战役是解放战争时期，中国人民解放军在山东蒙阴东南孟良崮地区歼灭国民党政府军的一次战役。这次战役俘虏国民党政府军19600人，毙伤13000人，国民党政府军五大主力之一整编七十四师全部被歼，师长张灵甫被击毙。打乱了国民党政府军重点进攻的战略计划，对华东战局的转变起了重要作用。为纪念这次战役所取得的伟大胜利，特建“孟良崮战役纪念馆”于孟良崮烈士陵园内。

南京太平天国纪念馆

原设在南京汉西门堂子街，1958 年 5 月迁移至瞻园路太平天国东王杨秀清王府遗址，馆内陈设有关太平天国历史的史料和文物。1960 年重新规划整建，1966 年建成。布局分两部分，东部以一组古建筑为主，有门厅、大厅、工字厅等，为馆的主要展厅；西部为园林，以静庙堂为中心，堂北面有一片开阔的草坪，伸向水池。

南湖革命纪念馆

位于浙江嘉兴南湖。1991 年“七一”前夕落成。1921 年 7

月 23 日晚，中国共产党第一次全国代表大会在上海望志路 106 号举行。眼看胜利在望，谁知 7 月 30 日晚在审议并通过中国共产党的纲领和决议时，一位不速之客突然光临会场旋即又消失了。为了安全起见，代表们经过反复斟酌，采纳了会议人员李达的夫人王会悟提出的去嘉兴南湖继续开会的建议。第二天上午，代表们分头乘火车来到嘉兴南湖。大家聚在一只装饰漂亮的中型单夹弄画舫上，放下窗帘，继续开会。会上通过了中国共产党纲领，并选举产生了中国共产党的中央领导机构。“烟雨楼台，革命萌生，此间曾著星星火；风云世界，逢春蛰起，到处皆闻殷殷雷”。一桩开天辟地的伟大壮举终于实现了。从此，南湖红船成为中国革命历史的航标。为了永远纪念这一伟大事件，解放后于湖心岛建纪念馆，为纪念中国共产党成立 70 周年嘉兴市开展了“我为南湖争光辉”活动，由 26 万多名共产党员、普通群众和社会各界集资 380 余万元，兴建“南湖革命纪念馆”新馆舍。纪念馆占地面积 3000 平方米。邓小平同志题写了馆名。纪念馆造型别致，俯视为镰刀斧头图案。它的建成凝聚着316万嘉兴人民对中国共产党的一片真挚之情，表达了全国人民对党的热爱之情。在湖心岛东南湖畔，泊有革命纪念船一艘。这是按当年召开党的“一大”时代表们乘坐的游船仿制而成，并经董必武同志亲自审定。船身长16米，宽3米，中舱放一方桌，桌上摆着茶具，周围有椅凳。当年“一大”会议就在舱中举行，13名代表还在船上用过一顿午餐。

赵尚志烈士纪念馆

坐落在抗日民族英雄赵尚志将军的牺牲地，萝北县境内的宝泉岭农场。赵尚志（1908—1942），抗日将领，辽宁朝阳人。1925年加入中国共产党，同年冬入黄埔军校。1931年九一八事变后，历任中共满洲省委军委书记、东北反日游击队哈东支队司令员、北满抗日联军总司令、东北抗日联军第三军军长和第二路军副总指挥。率部转战松花江两岸，创建了珠河、汤原抗日游击队根据地。1942 年 2 月，在攻打梧桐警察分驻所时，他重伤被俘，痛斥日寇汉奸，拒绝医治，流尽最后一滴血，壮烈牺牲。

鸦片战争博物馆

位于广东省东莞市。1989 年 6 月建成，为纪念鸦片战争而建。1840 年爆发的鸦片战争，是中国近代史的开端，是英国资产阶级为了变中国为它的商品市场和原料掠夺地，扩大可耻的鸦片贸易而发动的一次侵略战争。战争爆发于 1840 年 6 月 28 日，结束于 1842 年 8 月 29 日《南京条约》的签订。鸦片战争的主战场在广东、福建、浙江、江苏等省的沿海沿江地区。当时，以林则徐为代表的爱国官兵和沿海沿江人民进行了坚决的抵抗，给英国侵略军以沉重的打击。由于以道光帝为首的清朝统治者昏庸腐败，使战争遭到失败，中国开始沦为半殖民地半封建社会。中国人民从此开始了反帝反封建的民族民主革命。馆内珍藏着林则徐禁烟和鸦片战争前后的文物史料，是国内最大最完整的反映鸦片战争的博物馆。馆前有林则徐铜像及中国人民反抗鸦片战争的群雕。

省港大罢工纪念馆

位于广东省广州市。为纪念省港大罢工而建。1925 年 6 月 19 日，香港工人在共产党人邓中夏、陈延年、苏兆征等领导下，开始了支援上海人民反帝斗争的大罢工。后来罢工人数增至 25 万人，并有 10 余万工人离开香港回到广州。广州英、美、日商洋行和沙面租界的工人也参加了大罢工。6 月 23 日，工人、农民、学生等 10 万人在广州举行游行示威，队伍经过沙面租界对岸的沙基时，遭英法等帝国主义军队开枪射击，群众死50余人，伤170余人，造成“沙基惨案”。全国人民极为愤怒，积极支援省港大罢工。中华全国总工会为加强对罢工的领导，在广州召开香港、广州、沙面各工会代表大会，成立“省港罢工委员会”，苏兆征被选为委员长兼财政委员长，邓中夏任省港罢工委员会党团书记，顾问和工人纠察队训育长。同时组成2千多人的工人武装纠察队，驻防各海口，严密封锁香港，断绝交通，市内工厂罢工，商店歇业，公用事业瘫痪，使香港成了死港。在全国人民支援下，罢工坚持到次年10月北伐军占领武汉后胜利结束，历时16个月。这次罢工使帝国主义在政治上和经济上受到严重打击，对巩固广东革命根据地和准备北伐战争起了巨大的作用。

侵华日军南京大屠杀遇难同胞纪念馆

坐落在江苏省南京市江东门外。为纪念中国人民抗日战争胜利40周年而建，于1985年8月15日建成。占地25000多平方米，建筑面积2500平方米。由史料陈列厅、尸骨陈列室、碑刻、浮雕等组成。纪念馆1300多平方米的主体建筑形同一座一层楼高的平顶古墓，邓小平同志题写的馆名显目地镌刻在正面大墙上。踏上进口台阶，迎面便见用中英日三种文字刻在石壁上的“遇难者300000”的字样。登上馆顶，可以俯览到一个建在斜坡上的大院，四周断垣残壁，10000多平方米的广场上全是鹅卵石，这里寸草不生，枯树数枝，骷髅累累，一个高4米多的题为“母亲”的塑像立于大院西头的尸骨丛中，她睁大眼睛仿佛在寻觅亲人的尸体，此情此景，催人泪下。纪念馆内50000多平方米的陈列大厅里，陈列着记录日军暴行的种种铁证。篇篇史料，根据皑皑白骨，无可辨别地证明，从1937年12月到1938年2月，在不到两个月的时间里，侵华日军在南京残杀了我国无辜同胞30万人之多，制造了震惊全球的南京大屠杀事件。南京大屠杀又称“南京惨案”。抗日战争时期日本侵略者屠杀中国人民的重大暴行之一。

彦涵美术馆

位于江苏省连云港市。彦涵是我国著名的版画家，原名刘宝生，1916 年生于连云港市东海富安村，1938 年赴延安参加革命以来，创作版画 800 余件、国画 200 余件，讴歌了人民和革命。其作品先后在北美、东南亚和香港、台湾等 30 多个国家和地区展览，出版集主要有《彦涵木刻选集》《彦涵版画集》《彦涵中国画辑》等。1986 年，彦涵将毕生收藏的 200 余件美术作品和近百件珍贵历史资料捐献给家乡人民。1989 年连云港市政府拨专款在市博物院内兴建了这座美术馆。

恽南田纪念馆

坐落在江苏省常州武进县马杭村。恽寿平（1633—1690），清初画家。初名格，字寿平，后以字行，改字正叔，号南田、云溪史、白云外史、东园客、草衣生等，武进（今属江苏）人。家贫，不应科举，卖画为生，初画山水，笔墨秀峭；后与王翚交往，便多作花卉，自称徐崇嗣没骨法，而重视写生，往往用水墨淡彩，清润明丽，自成一格，有“恽派”之称（亦称“常州派”、“毗陵派”）。与王时敏、王鉴、王翚、王原祁、吴历合称“清六家”。兼清行楷书，取法褚遂良，风格秀朗，诗文亦清丽，有《瓯香馆集》。纪念馆为青砖瓦、翘角飞檐、古朴典雅。

洪秀全纪念馆

坐落在广东花县，为纪念太平天国起义140周年、缅怀洪秀全这位起义的领袖，花县人民在澳门知名人士马万祺的帮助下，建造了“洪秀全纪念馆”。1991年11月12日落成。纪念馆占地面积 1.3 万平方米。馆内由实物、照片、图画、雕塑、文字资料等部分组成，展示了洪秀全的一生和太平天国起义的全过程。

顾炎武纪念馆

坐落在江苏省昆山县城。顾炎武（1613—1682），原名绛，字宁人，号亭林，江苏昆山人，是明末清初杰出的思想家、文学家和爱国学者。顾炎武青少年时期在昆山县参加过反对明朝宦官权贵的斗争，后又参加抗清起义。失败后，他跋山涉水，行程万里，遍游华山，致力于史地等研究，写了大量的学术著作，如《日知录》《天下郡国利病书》等。“天下兴亡，匹夫有责”，是他在《日知录》中提出的光辉论点。为了纪念这位伟大的爱国思想家，将昆山公园命名为“亭林公园”，并建立了“顾炎武纪念馆”。

徐特立纪念馆

坐落在湖南省长沙师范学校。1992 年 6 月 1 日落成。徐特立（1877—1968），中国无产阶级革命家、教育家。湖南长沙人，原名懋恂，又名立华。1913 年至 1919 年在湖南第一师范学校任教，后提倡并亲自参加留法勤工俭学。1927 年加入中国共产党，同年参加南昌起义，任国民革命军第二十军第三师党代表兼政治部主任。1928 年赴莫斯科中山大学学习。1930 年回国后，在中央革命根据地任教育部部长。1934 年参加长征。到延安后任中共中央宣传部副部长兼自然科学院院长。建国后，任中央人民政府委员、中共中央宣传部部长、全国人民代表大会常务委员会委员。中国共产党第七、第八次全国代表大会上当选为中央委员。长期从事教育工作的研究，是中国新文学运动的倡导者和领导者。著有《徐特立教育文集》《科学化民族化大众化的文化教育》《普通学校的思想教育》等。长沙师范学校在湖南长沙市蔡锷北路荷花池，清末为长善中学校址，1912 年春徐特立将长沙师范学校迁入接办。后几经停办和改名，至解放初，原长沙县立师范与省立湘潭女子师范合并于此，称长沙女子师范，又称湖南省立女子师范。1959 年改名为湖南幼儿师范。1974 年为纪念徐特立，恢复长沙师范学校旧称。现徐特立纪念馆为该校图书电教楼二楼改辟。纪念馆展出有关徐特立珍贵照片 210 多张及一批实物，反映了他的光辉一生。

徐悲鸿纪念馆

位于北京市西城区新街口北大街。著名美术家徐悲鸿 1953 年病逝，次年将其旧居（东受禄街 31 号）辟为纪念馆。徐悲鸿（1895—1953），现代画家、美术教育家，江苏宜兴人。少时刻苦学画，后留学法国。曾携带中国绘画作品赴法、德、比、意及苏联展览。抗日战争期间，屡以已作在国外展售，得款救济祖国难民，并参加民主运动。长期从事美术教育工作，建国后任中央美术学院院长、中华全国美术工作者协会主席。擅长油画、中国画，尤精素描。人物造型，注重写实，传达神情。曾创作《九方皋》《愚公移山》等寓有进步思想的历史画。所画花鸟、风景、走兽，简练明快，富有生气，尤以画马驰誉中外。画能融合中西技法，而自成面貌。1966 年因建地下铁道，旧馆拆除。1983 年徐悲鸿逝世 30 周年时，纪念馆在新址落成。面积为 2720 平方米。馆坐西朝东，是一座设计新颖，具有民族特色的建筑。庭院内徐悲鸿的半身汉白玉雕塑在黑色大理石基座的衬托下十分引人注目。馆内共有国画、油画、素描等 7 个展厅，分上下两层，陈列面积 1213 平方米，展出徐悲鸿生前的作品 200 余件，以及各个时期的美术活动资料和照片。其生前的画室和起居室也照原样陈列。馆藏徐悲鸿绘画

1200余件和其生前收集的从唐、宋、元、明、清直到五四运动各个历史时期的优秀美术作品、书籍、碑帖、拓片和美术印刷品10000余件。展厅内还举办徐悲鸿生平展览。

徐霞客纪念馆

位于江苏省江阴市马镇乡南阳岐村。徐霞客（1587—1641），名弘祖，江阴县人。是我国著名的旅行家和地理学家。少好学，博览图经和地志。后遍游名山大川，足迹达17省，著《徐霞客游记》。书中涉及地理、地貌、水文、地质、植物等多方面科学问题。因其重视实地考察，故所记多符合现代科学之认识。明万历三十九年（1611年），远游归来庆贺母亲重病痊愈而建晴山堂，意即“晴转南山”，永远健康。清代废圮，解放后在原址重建，内有徐霞客塑像及其他文物。三面墙上，镶嵌着76块晴山堂石刻，均为当时米万钟、高攀龙等名家题赠的诗文。

狼牙山五勇士纪念馆

位于河北省易县。1942年，为纪念同日寇浴血奋战英勇跳崖的5名壮士而建。1941年9月25日，八路军晋察冀军区一分区一团七连六班的班长马宝玉、副班长葛振林、战士胡德林、宋学义、胡福才5人，为掩护主力部队转到外线打击日军和地方机关、群众安全转移，在地处河北易县的狼牙山阻击日军3500余人的进攻，苦战一天毙敌百余，后又主动把敌人引至悬崖绝路，弹尽后用石头砸敌，最后砸坏枪支，跳下悬崖。除葛振林、宋学义遇救外，其余3人英勇牺牲。后当地人民在狼牙山修建了纪念碑，在易县修建了“狼牙山五勇士纪念馆”。

郭守敬纪念馆

坐落在河北省邢台。郭守敬（1231—1316），元顺德邢台人，字若思。祖父荣，通五经，精于算术、水利。守敬禀承祖业、天文、历数、仪象制度、水利之学，冠绝一时。先后为督水监太史令。曾於浚西夏滨河五州诸渠，开大都运粮河。与许衡、五荀等修授时历，施行於世 360 年。著有《历议拟稿》《仪象法式》《修历源流》等书。纪念馆展出大量有关郭守敬的文物、史料，院内有郭守敬塑像，以及观星台和“观象先驱万世景仰”纪念碑。

郭味蕖故居陈列馆

坐落在山东潍坊市疏园。1992 年 4 月落成。郭味蕖（1908—1971），我国著名花鸟画家、美术理论家、美术教育家，出身于书香世家。青年时期考入上海艺专西洋画系学习油画，毕业后旋即考入北平故宫博物院古物陈列所国画研究班，系统研究中国画史论以及临摹院内所藏历代名作。1951 年经徐悲鸿先生介绍到中央美术学院研究部等部门和其他单位从事研究工作。1961 年起任中央美术学院中国画系花鸟画科主任。在文化大革命中虽经历坎坷，但在创作上成绩斐然，堪称一代宗师。他在几十年的艺术生涯中，独辟蹊径，下笔成珍，著述丰厚，桃李争春，为中国画的发展做出了杰出贡献。曾出版《宋元明清书画家年表》《中国版画史料》《写意花鸟画创作技法十六讲》等专著以及上百万字的研究文章。故居陈列馆为灰瓦白墙的院门，两进五间的南北两个院落。正屋中央悬挂着齐白石老人以遒劲的笔力篆写的匾额《知鱼堂》。西侧为居室，东侧是生平介绍陈列，其中有郭沫若赠给味蕖先生的八古联句："刚日读经，柔日读史；智者乐水，仁者乐山。"院中两边的小茅草房名曰"竹屋"，原是先生亲手盖的小画室。在小画室前黑色花岗岩座上，立有钱绍武教授为郭先生所塑的半身肖像。庭院中竹青花妍、树枝繁茂，多为画家生前所植。穿过北屋，南院西侧有荷塘、池边紫荆、迎春多姿婀娜。南屋五间为展室，展出画家代表作品数十幅。东屋陈列着国内书画界为故居陈列馆的建立所馈赠的书画。整个陈列馆朴素高雅。

浙江革命烈士纪念馆

位于浙江杭州西子湖东南的云居山上。1990 年 3 月 1 日落成。浙江 4 千万人民为缅怀先烈英灵，建立永久性的革命传统教育基地，历时两年，政府投资和集资、捐资一千万元建成，纪念馆由广场、烈士纪念碑、大型铜浮雕壁、陈列室等组成。烈士纪念馆占地面积 1049 亩。陈列室采用具有传统特色的牌坊式造型，手法简洁、端庄、富有民族风格，建筑面积 3700 平方米。这里陈列着大量的革命斗争历史照片、文物、史料、碑帖、字画、文字说明及实物外，还运用雕塑、油画、录像、录音等多种手法，体现革命斗争史实。这里有秋瑾、徐锡麟、张秋人、刘英等 20 多尊著名人物的塑像。陈列分为：辛亥革命时期；党的创立和第一次国内革命战争时期；第二次国内革命时期；抗日战争时期；第三次国内革命战争时期；社会主义革命和社会主义建设时期6个部分。

浙江大学西迁历史陈列馆

坐落在贵州省湄潭。为缅怀浙江大学老校长，一代宗师竺可桢等在抗日烽火连天、国难当头的时候，历尽艰险，实现学校西迁，于1940年在遵义，湄潭、水兴办学达7年之久。为国家培养大批人才，在遵义、湄潭播下了现代文明种子的光辉业绩，歌颂遵义、湄潭人民与浙江大学师生在艰难困苦的岁月中结下的深厚友谊而建。1990年7月20日落成。

海上丝绸之路博物馆

坐落在福建泉州市。1991年2月15日落成。这座博物馆为9层楼房，外形像中国的一条古帆船，里面收藏并陈列有自唐、宋以来世界上各主要宗教遗留在中国的石刻碑文。它是世界上规模最大、专门反映海上丝绸之路历史的博物馆。海上丝绸之路起自马可·波罗的故乡——意大利的威尼斯，经亚得里亚海、地中海、爱琴海、苏伊士运河、红海、阿拉伯海、印度洋、马六甲海峡、中国南海、东海、到达朝鲜、日本。这条海上丝绸之路加强了世界各国间的经济、文化交流，增进了相互了解和友谊。

海瑞纪念室

位于海南省海口市郊滨涯村。海瑞，明正德九年（1514年）出生于琼山县。他41岁中举人，后来曾在浙江、南京等地做官。他毕生为官刚直不阿，不附权贵，不徇私情，敢于与邪恶势力作斗争，居官廉政，明察秋毫，爱护人民，为人民办了不少好事。死后，人们为其修墓，并在墓侧建立纪念室。海瑞没有子女，去世时家中仅存银10余两，旧袍几件。所以纪念室仅存海瑞的著述手迹及拓文。这里展列的有海瑞平生著述《元佑党碑考》《伪学逆党藉》《海刚解先生文集》等；还有后人传颂海瑞的文学作品，如《海忠介公居官公案》《海忠介公全传》《海公大红袍》《海公小红袍》等；以及歌颂海瑞的传统剧目本《朝阳风》《忠庆图》《忠义烈》《海瑞市棺》《五彩舆》《德政场》《梁鸣凤》等。

陶行知纪念馆

位于安徽歙县。伟大的人民教育家陶行知先生是安徽歙县人，家乡人民为永远怀念他，于1984年10月12日将其幼年就读的崇一学堂旧址改建成“陶行知纪念馆”。崇一学堂为前后两间砖木结构平房。陶行知1891年10月18日生于安徽歙县黄潭源村。他的一生，爱祖国、爱人民、爱儿童，献身人民大众的教育事业，探索、开辟中国新教育道路。他倡导“生活教育”理论、文章著作达200多万字，为中国革命和建设事业培养了大批优秀人才。陶行知一生的思想和实践，为我们留下了一份宝贵的精神财富，为广大知识分子树立了光辉典范。为了缅怀这位人民教育家。安徽省有关部门拨出专款建立了该馆。在其100周年诞辰（1991年）又进行扩建。扩建后的纪念馆面积1000平方米，展厅增加到5个，经过重新整理，重新开放。馆内陈展了陶行知在各个时期的教育实践活动照片、著作手稿的遗物，及一批有关陶行知先生生平活动的珍贵历史文献资料。

曹雪芹纪念馆

位于北京香山脚下正白旗村39号旗下老屋，即曹雪芹这位世界文化伟人当年写作《红楼梦》时的故居。1984年4月落成。纪念馆共分4个展室：第一展室，是曹公当年居住的地方。室内陈列着两只风筝。一只“富非所望不忧贫”7字风筝，另一只“人头燕”风筝。传说曹公曾向他的好友鄂比解释：“我扎糊这个人头燕身，还画有狮子‘卍’字不到头图案的风筝，就是骂那些老爷长着个人样，实际是衣冠禽兽，他们富贵荣华的生活长不了！”第二展室的门额上悬挂着溥杰写的“抗风轩”匾。抗风轩即是曹公当年“瓦灶绳床”、清贫不屈，创作传世杰作《红楼梦》时的书斋。展室西墙上的一批题壁诗是鄂比抄录前人的诗作。其中特别醒目的一首写成扇面状，诗文是“富贵途人骨肉亲，贫贱骨肉亦途人；试看季子貂裘敝，举目亲人尽不亲。”一副菱形对联，联语是：“远富近贫，以礼相交天下少，疏亲慢友，因财而散世间多。”曹公从富贵中跌落下来的坎坷的身世，使他对人情冷暖，世态炎凉，体会的十分深刻。他常和一些愤世疾俗，志同道合的朋友，诗酒往来。

第三展室的模型展览，将曹公在西山地区的活动、西山地区对创作《红楼梦》的提示及影响，直观地展现在人们眼前。据说曹公晚年在抗风轩呕心沥血地写作《红楼梦》时，还常腰系笔墨包袱，遍游香山一带。只要看到好山好水或者听到别人说句用得上的话，文思一动，便解开包袱，铺开纸写起来。他常到樱桃沟里去黛石，代墨写书。黛石给他写书提供了方便，为了不忘这黛石是一“宝”，在修改《红楼梦》初稿时，便把女主人公的名字改成了“黛玉”。樱桃沟里横卧着一块大石头叫“元宝石”。离这儿不远，一棵“石上松”，香山流传着：“元宝石，不值钱。石上峰、水石缘。”的几句顺口溜。这块元宝石，是假（贾）宝石（玉），曹雪芹觉得他好像通了灵性，才把男主人公命名为“贾宝玉”。他又受了这“石上松”的启发，写出了宝黛的爱情故事。他常到退翁亭茶馆喝茶或饮酒，“举家食粥酒常”就是在这里。自从他给茶馆马青用野芹熬药治病以后，他愿做一棵山乡的芹，给自己起个“鸳芹”的号。

第四展室，陈列着二百年来曹公身世的重大发现：抗风轩壁诗残片，曹雪芹的两个书箱及《南鹞北鸢考工志》双钩摹本影印件。这三种文物，互为佐证，尤其是上面的字迹，证明了曹雪芹故居的真实性。箱盖背面都有墨迹。一个是《为芒卿编织纹样所拟诀语稿本》等五行章草。另一个是写的一首《悼亡诗》。诗中有“睹物思情理陈箧”等句子，二百年来第一次发现的曹雪芹的五行手迹，与《南鹞北鸢考工志》《自序》一页的双钩摹本的笔迹，完全相同，证实了《自序》的原稿，确是曹雪芹的亲笔，这样它们就互为证据而确定了曹雪芹墨迹的真实性。1988 年，北京市植物园再度投资，在后院加建 303 平方米的展室，由首都博物馆的专家巧加整饰，以照片、图表为主，勾勒出曹氏三代兴于辽阳，盛于江南，衰于北京的家族史以及《红楼梦》成书的时代景象。

龚自珍纪念馆

坐落在浙江省杭州市马坡巷。这里为龚自珍诞生地。整个纪念馆为典型的清代民居，建筑分上下两层，雅致清洁的庭院中还建有园林艺术的水池。1990 年 1 月 1 日正式开放。面积 686 平方米。龚自珍（1792—1841），清思想家、文学家。一名巩祚，字璱人，号定庵，浙江仁和（今杭州）人。道光进士，官礼主事，学务博览。在经学上，他是嘉道间提倡“通经致用”的今文经学派的重要人物。当林则徐赴广东查禁鸦片时，他曾预见到英国可能侵犯，建议加强战备，不与妥协。在哲学上，持“性无善无不善”之说，反对孟子的“性善”论和荀子的“性恶”论。认为“自古及今，法无不改，势无不积，事例无变迁，风气无不移易”（《上大学士书》），强调万事万物都处于变化之中。晚年受佛教天台宗影响颇大。所作诗文，极力提倡“更法”、“改图”，揭露清王朝统治的腐朽，洋溢着爱国热情。如《尊隐》《明良论》《乙内之际著议》《送钦差大臣林公序》《病梅馆记》等文，和《已亥杂诗 · 九州生气恃风雷》等诗篇，皆为其代表作。散文奥博纵横，自成一家；

诗尤瑰丽奇妙，有“龚派”之称，著作有《定庵文集》等，今人辑有《龚自珍全集》。

萍乡革命烈士纪念馆

位于当年刘少奇亲自主持兴建的安源路矿工人俱乐部右侧。中共中央顾问委员会委员孔原、中共中央候补委员王六生和老红军、老干部吴烈、唐延杰、王耀南（已故）、吴运铎等纷纷为该馆题匾、题词。萍乡地处湘赣边界，为赣西重镇，是革命老根据地。中国共产党成立初期，毛泽东、李立三、刘少奇等先后来到萍乡安源，发动和领导了轰轰烈烈的安源路矿工人运动，在中国工人运动史上写下了光辉的篇章。第一次国内革命战争时期，萍乡的民众运动被汉口《民国日报》赞誉为“江西之冠”。第二次国内革命战争时期，萍乡东南部，北部相继建立了红色政权，成为湘赣、湘鄂赣革命根据地的一部分。

在新民主主义革命、社会主义革命和建设中，萍乡查有姓名的革命英烈达4100多名，还有许多不知姓名的无名英雄。萍乡革命烈士纪念馆陈列了安源路矿工人运动中牺牲的一批领袖人物，如：黄静源、朱少连、刘昌炎、周怀德、程昌仁、谢怀德和萍乡籍人在革命运动中牺牲的比较著名的60多位革命烈士的光辉事迹、遗照、遗著、遗物等，还陈列了与之有关的萍乡革命斗争史绩的图片和文物。

黄乃裳纪念馆

位于福建闽清县坂东湖头街喇叭口。黄乃裳（1849—1924），名绂丞，号慕华，闽清六都（今坂东镇）湖峰人，著名爱国华侨。1888年中举人，“戊戌变法”时期，他与康有为及“六君子”讨论变法维新，曾8次上书痛陈兴革。变法失败后，于1899年秋南渡星洲，在砂捞越诗巫觅得一垦殖地，从闽清、闽侯、古田、永泰、屏南等县招募贫民三批计 1118 人前往垦殖，命名为“新福州开垦公司”，他被尊为“港主”。1905 年，孙中山在新加坡组织同盟会新加坡分会，黄乃裳应邀赴会，成为南洋方面最早的同盟会会员。辛亥革命时，他任福州英华、福音、培元三书院教务长，带头组织学生炸弹队，参加起义。福建光复后，黄出任福建军政府交通部长兼筹饷局总办等职。袁世凯窃国后，黄乃裳毅然辞职，转而从事公益事业。1920 年 10 月，应孙中山之邀，赴广州任元帅府高等顾问。1924 年秋因肝病回乡，卒于闽清县城寓所。1949 年 5 月福建各界举行公祭，附葬于其弟、甲午海战烈士黄乃模的墓园中。纪念馆系箱式混合结构，面积 2000 多平方米，1967 年动工，1979 年 12 月落成。正厅安放黄乃裳半身铜像，下镶“垂范人间”4 字。三楼有黄乃裳生平事迹展览厅，展出文物、照片、图有等资料 100 余件。

黄继光烈士纪念馆

位于四川中江县城内，1987 年 10 月 20 日落成开放。黄继光（1930—1952），原名黄际广。1951 年参加中国人民志愿军，1952 年加入中国新民主主义青年团。同年 10 月 20 日，在朝鲜江原道金化郡上甘岭战斗中，以身躯堵敌碉堡，光荣牺牲。被追认为中国共产党党员，中国人民志愿军领导机关追记特等功，授予中国人民志愿军特级英雄称号。纪念馆坐落在县城魁山脚下的御马河畔，依山傍水，风景秀丽，庄严肃穆。纪念馆广场上方的纪念台浮雕上，黄继光在上甘岭战役堵敌人机枪口的雕塑像高 7 米，底座上镌刻着中央军委主席邓小平题写的“特级英雄黄继光”7 个大字。纪念馆 5 个展厅内陈列 200 余件展品，展现了黄继光的一生和英勇献身为国增光的光辉业绩。还陈列有朝鲜民主主义人民共和国金日成主席赠送给黄继光亲属的礼物等，还有朱德、董必武、刘伯承、郭沫若、谢觉哉、何香凝等人的题词。1962 年郭沫若题联：“血肉作干城，烈概在火中长啸，光荣归党国，英风使天下同钦。”横匾为：“凯歌百代”。

黄麻起义和鄂豫皖苏区革命烈士纪念馆

位于湖北省红安县黄麻起义和鄂豫皖苏区革命烈士陵团内。1927 年 11 月，中共鄂东特委派吴光浩、王志仁等领导黄安（今红安）、麻城的工农群众举行武装起义。14 日占领黄安县城，组成黄安工农民主革命委员会，曹学楷任主席；同时组成中国工农革命军鄂东军，潘忠汝任总指挥，吴光浩任副总指挥，戴克敏任党代表。同年 12 月 5 日，黄安县城被敌攻陷，王志仁，潘忠汝英勇牺牲。一部分工农革命军在吴光浩率领下突围后，转移到黄陂县木兰山地区，开展游击战争，改称工农革命军第七军。1928 年 4 月，第七军返回黄麻老区。7 月，第七军改编为中国工农红军第十一军第三十一师。1929 年 5 月，建立了鄂豫边革命根据地。与此同时，商城、六安的工农群众，在党组织的领导下，先后起义，建立了红三十二师，红三十三师和豫东南、皖西两个革命根据地。1930 年 3 月，根据党中央指示，建立了鄂豫皖特委和红一军，实现了三支红军和三个革命根据地统一领导。先后粉碎了蒋介石的三次“围剿”，根据地扩大为黄安、麻城、商城、光山等 26 个县。为纪念黄麻起义和鄂豫皖苏区在中国革命事业中所做出的贡献，弘扬其革命业绩，缅怀革命烈士。建纪念馆于此。

戚继光纪念馆

位于山东蓬莱丹崖山下蓬莱阁东南。建于 1989 年。戚继光（1528—1587），明代抗倭名将，军事家，字元敬，号南塘，晚号孟诸。山东蓬莱人，出身将家。初任登州卫指挥佥事。嘉靖三十四年（1555 年），调浙江，任参将，抵抗倭寇。他见旧军素质不良，至义乌招募农民矿工，编练新军，为抗倭生力。嘉靖四十年在台州大胜，次年援闽，攻克倭寇在横屿（宁德城外海中）的老巢。嘉靖四十二年，再援福建，升总兵官。两年后，与俞大猷剿平广东倭寇，解除东南倭患。隆庆元年（1567 年）被张居正调到北方，镇守蓟州，在镇 16 年。居正死，被排挤而去。对练兵、治械、陈图均有创建。著有《横槊稿》3 卷及《纪效新书》《练兵实纪》《止止堂集》等。纪念馆主体建筑为正厅，用以陈列有关戚继光以及与他英雄业绩有关的实物和背景资料。附近还有戚祠、牌坊、水城等众多遗迹。

梅文鼎纪念馆

坐落在安徽省宣州市。为纪念梅文鼎诞辰 355 周年，于

1988 年 11 月 4 日落成。梅文鼎（1633—1721），安徽宣州市新田乡蒲田村人，他生活在“西学东渐”的时代，一生致力于阐发西方科学文明的要旨，宣传中国传统文化的精华，对我国 17 世纪、18 世纪自然科学的发展起着承前启后的重要作用，是当时世界三大数学家之一。他献身科学教育事业的精神和辉煌的学术成就受到当今国内外学术界的高度评价。

梅兰芳纪念馆

位于北京西城区护国寺街 9 号。原为中国戏曲艺术大师，杰出的京剧表演艺术家梅兰芳的故居，故居是一座典型的四合院。全国解放后，梅兰芳一直住在这里。1986 年辟为纪念馆，对外开放。1989 年 10 月 27 日修整后重新对外开放，展出了梅兰芳先生各个时期的演出及社会活动情况。并新增梅兰芳先生半身塑像。“梅兰芳纪念馆”匾额上的几个苍劲的大字是邓小平同志的手迹。

章太炎纪念馆

坐落在浙江省杭州市西子湖畔南屏山麓章太炎墓前侧。为纪念我国著名的革命家、思想家、杰出学者章太炎而建。1988年1月12日落成。纪念馆占地1900平方米，分为展览、收藏两大区域。展览厅分为章太炎生平事迹、学术成果、文物等3个陈列室，共陈列了章太炎先生之子章导先生捐赠的珍贵文物一千余件，内有章太炎手稿370种，书法83幅和已成为海内孤本的邹容《革命军》初刻本以及其他许多重要资料等。该纪念馆是目前我国收藏章太炎文物最丰富的场所。全国人大常委会副委员长周谷城题写了馆名。

淮海战役纪念馆

位于江苏省徐州市南郊凤凰山东麓。1965年10月1日落成开放。著名的淮海战役是中国人民解放军在以徐州为中心，东起海州，西至商丘，南临淮海，北起临城的广大地区内对国民党发起的一次大的战役，是解放战争中三大战役之一。彻底动摇了国民党反动派统治。集结在这个地区的国民党军有 4 个兵团和 3 个绥靖区的部队以后又从华中增援了 1 个兵团，共 80 万人。解放军华东野战军 16 个纵队，中原野战军 7 个纵队，和华东军区，中原军区以及华北军区所属冀鲁豫军区的地方武装，共 60 万人，遵照中共中央和毛泽东的指示，在广大人民支援下，于 1948 年 11 月 6 日发起了淮海战役。为纪念这次战役的伟大胜利，缅怀在此役中为国捐躯的烈士，经国务院批准而建“淮海战役纪念馆”。该馆是一座具有民族风格的建筑，中为大殿重檐门廊，陈毅同志题写的“淮海战役纪念馆”匾额高悬在门廊之上，馆内分正厅、序言、战地实施、人民支前、悼念烈士、将革命进行到底 6 个部分。共展出淮海战役的珍贵历史文献、文物、照片、美术作品、图表等 2400 余件。纪念馆附近还有淮海战役烈士纪念塔、陵园园林等。

淮海战役双堆集歼灭战纪念馆

坐落在安徽省濉溪双堆集。1948 年 11 月 18 日至 12 月 15 日，淮海战役双堆集歼灭战在双堆集激烈进行。在 28 天时间里，我英勇的人民解放军在此一举歼灭了国民党的精锐部队黄维兵团 4 个军，1 个快速纵队，共计 11 万余人。刘伯承同志称此战为整个淮海战役“承先启后的关键”。为了赢得这次战斗的胜利，我万余名将士壮烈捐躯。纪念馆展出了反映当年战斗的图片、实物等。

清凉山新闻出版革命纪念馆

坐落在陕西省延安清凉山。1986 年建成，延安是中国无产阶级新闻事业的发源地。是新华社《解放日报》和新华广播电台及中央印刷厂的诞生地。为了更好地继承和发扬革命传统，建设具有中国特色的新闻出版事业，由中国记者协会组织和发起，新华社、人民日报、广播电影电视部等新闻出版单位集资百万元。建起我国首座新闻出版纪念馆。

董存瑞烈士纪念馆

位于河北省怀来县南山堡。为纪念全国战斗英雄董存瑞而建。董存瑞（1929—1948），中国人民解放军战斗英雄，河北怀来人。1945 年参加八路军。1946 年加入中国共产党。1948 年 5 月 26 日在解放战争总攻热河隆化（今属河北）的战斗中，为扫除部队前进的最后障碍，担任爆破敌人一座桥上碉堡的突击任务。当他冲入桥下时，发现没有安放炸药包的位置，眼看部队总攻时刻已到，毅然托起炸药包抵住桥身，猛拉导火索，炸毁碉堡，完成任务，壮烈牺牲。

董寿平美术馆

坐落在山西太原晋祠博物馆内。1990 年 10 月 12 日落成。董寿平（1904—1997），山西洪洞县人。早年求学京津，无意仕宦，笃志学画，蜚声京华。积 70 余年的书画生涯，他手中的笔独开生面，老而弥健。他画的梅花，人称“董梅”；他画的竹枝，人称“寿平竹”；他画的山水，被当年画坛誉为“黄山巨擘”。董老先生的人品，学识被中外人士传为美谈。其爱国家、爱家乡的佳话感人至深。五六十年代，他曾两次将所藏文物 16 件捐给山西省文管会和博物馆。1983 年，董老先生又将自己平生创作的书画精品 200 余件尽赠乡梓父老。为此，有关部门决定兴建美术馆以长期保存和陈列董寿平先生捐献的书画珍品。在中共山西省委、省人民政府、中共太原市委、太原市政府以及日本友人村上三岛先生、宇佐美公有先生和旅日华侨林白先生的共同努力下建成。美术馆古朴典雅，87 岁的董寿平先生出席了开馆仪式。

彭雪枫纪念馆

位于江苏省泗洪县半城镇雪枫陵园内。1990 年 12 月落成。彭雪枫（1907—1944），著名军事家和抗日将领。河南镇平人，原名修道。1925 年加入中国共产主义青年团，1926 年转入中国共产党。大革命失败后，先后在北京、天津、烟台、上海等地从事中共党的地下工作。1930 年任红五军五纵队七大队政治指导员。同年 7 月，任红八军第四师团政委。1931 年任红三军团第二师政委。1933 年任红三军团第四师政委。后调任中共中央革命军事委员会第一局局长、江西军区政委。长征期间，曾任红五师政委、师长等职。到达陕北后，任红一方面军第二纵队纵队长、红一军团第四师师长。后同叶剑英等前往西安工作。抗日战争爆发后，任八路军总部参谋处处长兼驻太原办事处主任，新四军河南确山后方留守处主任兼中共河南省委军事部部长、豫东游击支队司令员兼政委、新四军第四纵队司令员、第四师师长兼淮北军区司令员、中共淮北区党委委员。1944 年 9 月 11 日，在河南夏邑与日伪军作战中壮烈牺牲。彭雪枫牺牲后，党中央、毛主席赞扬他“功绩辉煌，英名永存”，“一世忠贞，是共产党员的好榜样”。这座由江苏省和泗洪县政府共同投资兴建的纪念馆，陈列有彭雪枫烈士遗物 300 余件。

皖西革命烈士纪念馆

位于安徽省六安市。皖西地区是著名的鄂豫皖革命老根据地的重要组成部分。在中国共产党的领导下，这个地区的寿县于 1922 年建立了党的特支，此后，金寨、六安、霍山等县相继建立了党的组织，领导人民开展了轰轰烈烈的反帝反封建的斗争。1929 年 5 月 6 日至 11 月 7 日，先后举行了立夏节武装暴动和六霍起义。成立了工农红军第十一军三十二师和三十三师，发展了赤卫军、游击队，建立了苏维埃政权，创建了皖西革命根据地。在粉碎国民党三次“围剿”后，苏区扩大到 10 余个县，人口达 100 余万。1932 年 10 月，红四方面军主力西去四川后，皖西人民积极配合重建的红二十五军、红二十八军（由徐海东、吴焕先、高敬亭等领导），高举起革命红旗，继续坚持了大别山的斗争。在抗日战争的解放战争期间，皖西人民大力支援新四军，人民解放军英勇打击日本侵略者和国民党反动派为武装夺取政权，建立人民共和国作出了重大贡献。在漫长曲折的战斗历程中，皖西人民前赴后继，浴血奋战，进行了艰苦卓绝的斗争，30 多万革命人民献出了宝贵生命，涌现出许继慎、舒传贤、周维炯、刘淠西等一批著名英雄人物。为纪念皖西地区英烈，建国初期，党和政府在六安城内兴建了皖西革命烈士纪念馆。

纪念馆内有东西两座陈列室，东馆陈列室建在一座椭圆形的高台上，高台西半部的广场中央矗着 18 米高的革命烈士纪念塔。东室展出民主革命时期牺牲的 66 位皖西党创始人和师职以上的烈士事迹。西室陈列皖西革命斗争史，再现了民主革命时期皖西地区革命斗争的史实。1958 年，朱德同志和刘伯承同志先后来此参观。刘伯承同志亲笔题词勉励皖西人民在先烈革命精神鼓舞下，为祖国社会主义建设做出贡献。

鲁迅纪念馆（上海）

位于上海市虹口公园鲁迅墓东南角，是一座江南地方风格的二层楼建筑物，与鲁迅墓同时建成于 1956 年。纪念馆南北东三面设为陈列室，西面为柱廊，通过柱廊可以望及种植鲁迅生前喜爱的花木的内园。馆北路桥曲径，绿荫池水，幽静雅致。纪念馆青瓦白粉墙，素净古朴，玻璃窗下的贴面花岗石墙脚，亦别具一格。屋东西面两边高出屋顶有三重“马头”，是浙东一带民间的建筑住房形式，有避火和装饰作用。

进入挂着周恩来同志题字的馆牌的大门，迎面是一尊高大的神采奕奕的鲁迅浮雕头像，步上楼梯，就是陈列大厅。首先映入服帘的是一座汉白玉鲁迅胸像，后面竖有精致的屏风上面镌刻着毛泽东同志对鲁迅的评语：“鲁迅是中国文化革命的主将……”在 20 间陈列室里，鲁迅的手稿、遗物、文献、照片和艺术品等 1200 余件展品，分四部分展出，系统地介绍了鲁迅的思想发展和战斗历程。第一部分介绍鲁迅自 1881 年 9 月 25 日诞生起，到 1918 年五四运动以前的生活和思想。部分展出鲁迅意年时期读过的各种图书和他同农民朋友发生深厚感情的传记资料。鲁迅的外祖母家——安桥村的照片和曾经寄居过的大舅父家——皇甫庄、小皋埠的照片，还有由于家境的困难，鲁迅经常出入当铺和药店的画面。在东京学医时期，鲁迅后来在《朝花夕拾》里曾谈起过的藤野先生，他的照片和他给鲁迅改正过的解剖学笔记，也都在纪念馆里陈列着。一幅油画告诉我们，鲁迅在日本学医时，有一次从电影上看到一个中国人被外国军队枪杀情景，而电影中站在四周观看的中国人竟然一点无动于衷，有的居然还鼓掌呼叫，因此他觉得学医“在中国医好几个人也无用，还应该有较为广大的运动。”从此，他怀着“唤醒民众”、“拯救国家”的愿望，决定弃医从文，提倡新文化、新文艺了。1906 年的东京，是当时革命运动的海外中心。鲁迅和章太炎、陶成章、秋瑾等光复会中人物建立了亲密的友谊，他自己也加入了光复会。这时期，鲁迅积极介绍和翻译世界文学，特别是东欧和北欧被压迫民族的具有反抗精神的作品。在当时发表的《摩罗诗力说》《人之历史》等论文，以及当时翻译自编出版的《域外小说集》都陈列在馆内。第二部分展出了 1909 年鲁迅从日本回国后，在绍兴教书时，组织学生迎接革命军进城。1921 年起鲁迅一面在教育部任职，同时又埋头研究中国古典文学和金石碑帖，首先在学术上作出了重大贡献。五四运动以后，鲁迅经过了长期的探索和寻求，开始了新的斗争，并在斗争中表现了无比的英勇和坚定……1918 年 4 月，鲁迅在《新青年》四卷五期所发表的《狂人日记》，是中国新文学运动的第一篇创作，它猛烈地抨击了中国封建制度和传统礼教，是他第一次用“鲁迅”笔名写的小说。另外，他还写了以被压迫的农民和知识分子为题材的小说《阿 Q 正传》《孔乙己》《故乡》《祝福》《药》等。这些作品的手稿或刊出时的期刊和插图，都在这里赫然展出。引人注目的北京鲁迅故居“老虎尾巴”一隅，是按原样大小复制出来的模型，看去真实感很强。这一部分还展出了当年的女师大事件和鲁迅与现代评论派的斗争过程。在“三一八”惨案中，女师大学生刘和珍、杨德群被军阀段祺瑞政府杀害，鲁迅愤怒地控诉了杀人刽子手的罪恶。这里陈列了《纪念刘和珍君》文章的手稿和纪念烈士的特刊。第三部分是鲁迅最后定居上海十年中的生活和斗争。第四部分的展题是："永远在人们心中"。陈列室里摆满了鲁迅逝世以来国内外纪念鲁迅的一些照片和各种纪念品；近百种版本的鲁迅全集、日记、书简；二十多个国家出版的几十种文字的鲁迅著作译文本；还有各地出版社出版的研究鲁迅著作和思想的论文集、回忆录等等。显示着鲁迅一生的光辉战斗业绩永远照耀人间，鲁迅永远活在人们心中。

鲁迅纪念馆（广州）

坐落在广东广州市文明路中段（现为延安二路）钟楼。建于1905年。该楼最高处原设有四面时钟，故名钟楼。全楼建筑面积4375平方米，前半部为两层，中间呈四方塔形，高达24.5米。其南面广场是第一次国内革命战争时期，革命团体集会活动场所。1924年孙中山接受中国共产党帮助，在钟楼礼堂召开国民党第一次全国代表大会，改组国民党，正式建立国共合作。1925 年第二次全国劳动大会和广东省农民代表大会在钟楼召开。中国共产党领导人毛泽东、刘少奇、周恩来、李大钊、林伯渠、瞿秋白、陈延年、邓中夏、彭湃、恽代英、邓颖超等曾经在礼堂参加重要会议和进行演讲，或在广场主持群众的集会。这里原为清朝贡院所在地，后改为两广优级师范学堂，民国初年改为广东高级师范学堂。1924 年孙中山在这里建立广东大学，1926 年改为中山大学，钟楼成为校本部所在地。1927 年 1 月，鲁迅先生从厦门来中山大学文学院担任中文系主任兼教务主任时，住在钟楼二层西面的房间里。著有《在钟楼上》一文。1959 年，正式建立鲁迅纪念馆，陈列着鲁迅先生的生平事迹，二楼鲁迅后室亦复原开放。

鲁迅纪念馆（绍兴）

位于浙江省绍兴东昌坊口鲁迅故居东侧。建于 1973 年。

纪念馆是一座钢筋混凝土新建筑。坐北朝南，门楣上方嵌郭沫若题“绍兴鲁迅纪念馆”7个金字。鲁迅的一生有三分之一以上的生活经历是在绍兴，绍兴对其思想发展有很大影响，是其创作的源泉。他近千万字的评著是留给人们的珍贵精神财富。纪念馆共分三个部分：鲁迅故居、三味书屋、鲁迅生平事迹陈列厅。鲁迅故居和三味书屋仍然保持当年的样子、匾额、桌椅、床、花窗等均无改动。陈列大厅内陈列着鲁迅先生生前用过的实物、手稿、书籍、报刊、照片等600余件，还有介绍鲁迅先生战斗生平的图片和绘画。以鲁迅的思想发展为线索，即扼要地介绍鲁迅战斗的一生，又突出表现了其青少年时期的活动、事迹，富有绍兴地方特色。整个陈列展览，不仅为鲁迅的研究者提供了丰富的文物史料，也是对人民群众进行爱国主义教育的极好课堂。

傅抱石纪念馆

位于江苏省南京市汉口西路132号。1985年9月20日正式落成开放。傅抱石先生，1904 年生于江西省新余县，1965 年 9 月在南京病逝。他一生不断追求、努力创新，凭着刻苦钻研、勤奋好学的精神成了一位著名画家。解放后，傅抱石开始了艺术生活的崭新时期。他长期在江苏工作，先后担任南京师范学院美术系教授，中国美协副主席和江苏分会主席，江苏省国画院院长，为发展、繁荣江苏省和我国的美术事业、培养美术人才，作出了可贵的贡献。在这期间，他深入生活，北游山川，提出了“思想变了，笔墨不能不变”的理论，并先后创作了《江山如此多娇》（与关山月合作）、《镜泊飞泉》《蝶恋花》《黄河清》等画坛公认的传世之作，其画构思精熟，意境深远，魄力雄迈，笔墨酣畅淋漓，时代气息浓郁。此外，他在书法，篆刻艺术上也有很高的造诣，在美术史论研究方面也有突出成绩，成为我国现代画坛一位杰出的艺术大师，著名的美术教育家和美术史论家。纪念馆内辟有 6 个展览室，介绍了傅抱石不平凡的一生。

焦裕禄纪念馆

位于河南兰考县城北黄河故堤沙丘上，焦裕禄烈士陵园内。焦裕禄（1922—1964），山东淄博人。1962 年 12 月任中共兰考县委书记，时值自然灾害严重，他同群众一起，努力改变兰考面貌，身患肝癌，坚持工作，被群众誉为“党的好干部”、“县委书记的好榜样”、“毛主席的好学生”。纪念馆于 1984 年 5 月 14 日动工兴建。纪念馆是仿古式建筑，大厅中央安放着焦裕禄半身塑像，镌刻着党中央总书记江泽民同志“向焦裕禄同志学习，全心全意为人民服务”的题词，右侧悬挂着国务院总理李鹏同志，中央政治局常委李瑞环同志的题词，左侧悬挂着老一辈革命家陈云、薄一波、宋任穷同志的题词。陈列着一些珍贵的实物、图片，他亲笔起草的文件、批示，探水用过的棉衣、补汀袜子，坐过的破藤椅、办公桌，学习用过的马列著作，以及1966年焦裕禄遗体重新安葬，许多南北大画家云集到兰考来凭吊焦裕禄时的画作。纪念馆落成后，中央和省委领导曾多次来此参观、瞻仰、凭吊。纪念馆附近还有焦裕禄墓、墓碑，董必武、郭沫若题词碑等纪念建筑。

湘鄂川黔革命根据地纪念馆

位于湖南永顺县塔卧镇。湘鄂川黔革命根据地是第二次国内革命战争时期中国共产党领导的革命根据地之一。位于湖南、湖北、四川、贵州交界地带。1934年10月，红二军团和自湘赣根据地西移的红六军团在贵州东北会师，并在四川酉阳南腰界举行庆祝大会。会师后，成立以贺龙、任弼时、关向应为首的军事总指挥部。随即发动湘西攻势，迅速恢复和发展了以永顺、桑植、大庸为中心的湘鄂川黔革命根据地。红二、六军团开展游击战争，粉碎了国民党军的几次“围剿”，有力地配合中央红军的长征。1935 年 9 月，敌人开始大规模的“围剿”。为了保存革命力量，红二、六军团于 11 月 19 日撤离根据地，进行长征。纪念馆以大量图片、文字、实物资料反映了湘鄂川黔革命根据地的斗争史实，热情讴歌了老一辈无产阶级革命家及根据地人民的光辉业绩。

湘鄂西苏区革命烈士纪念馆

位于湖北省洪湖县新堤镇。1984 年 11 月 10 日落成。占地 350 亩，建筑面积 12300 平方米。巍然矗立在长江岸边的湘鄂西苏区革命烈士纪念碑，高 27.6 米，上面镌刻着贺龙同志的题词：“革命烈士的业绩鼓舞着我们永远前进”，碑座上刻有以国务院名义署名的碑文。碑身四周青松翠柏，百花竞艳。双层楼式的“湘鄂西苏区革命历史陈列馆”，陈列着贺龙、周逸群等老一辈无产阶级革命家领导湘鄂西苏区党、政、军历次会议决议文件，红军书写的标语、传单以及使用过的各种武器等历史文物500多件，图片1000多张。湘鄂西苏区是第二次国内革命战争时期中国共产党领导的革命根据地之一。位于湖南湖北两省边界地区，包括湘鄂边、洪湖、巴兴归、襄枣宜等根据地。1928年1月，共产党人贺龙、周逸群、卢冬生、柳直荀等奉中央指示前往华容、石首、安乡、监利一带，和在当地坚持斗争的贺锦斋、段德昌、段玉林等一起，领导群众开展游击战争，同年7月在桑植、鹤峰，石门一带地区活动，成立了中国工农革命军第四军（后改称红四军、红二军），开辟了湘鄂边根据地。1930年2月，在鄂西监利附近成立了红军第六军，不久攻占沔阳、潜江、华容、石首等地，开辟了洪湖根据地。同年7月，红二军和红六军在湖北公安会师，组成红军第二军团，湘鄂边和洪潮两个根据地连成一片，领导农民廾展了武装斗争和土地革命。1927年冬鄂西巴东地区。鄂北襄枣地区农民起义，开展游击战争，开辟了巴兴归根据地和襄枣宜根据地。

由于李立三、王明“左”倾冒险主义的错误领导，从1930年到1934年秋，根据地的革命斗争遭到严重挫折。1934年10月，红军第二军区和第六军团在黔东印江木黄会合后，成立了以贺龙、任弼时为首的总指挥部，接着发动湘西攻势，建立了湘鄂川黔根据地。湘鄂西苏区在第二次国内革命战争时期中，为中国的革命和解放事业作出了贡献。

纪念馆陈品反映了苏区人民革命斗争的光辉历程，同时用大量史实反映了贺龙等老一辈无产阶级革命家为创建苏区和为无产阶级革命事业所建树的丰功伟绩。1983年10月24日李先念同志亲自题写了“湘鄂西苏区革命烈士纪念馆”馆名。纪念馆旁的烈士祠内陈列有50多个县、市烈士英名录。

渡江胜利纪念馆

坐落在江苏南京市挹江门。渡江战役是第三次国内革命战争时期，中国人民解放军百万大军强渡长江，彻底摧毁国民党军队苦心经营三个半月的长江防线，并解放国民党反动统治中心南京的战役。1949年初，国民党集中了75万陆军兵力与海空军，在宜昌到上海1800公里长江沿线设防，由白崇禧和汤恩伯防守，妄图凭借长江天险，阻止中国人民解放军南进。4月21日晨，解放军第二野战军与第三野战军以及地方武装力量，在长江两岸人民支援下，在西起湖口，东至江阴长达千里的战线上，以木帆船为主要渡江工具，分三路强渡长江。中路军30万首先突破安庆、芜湖线；西路军35万在九江、安庆间突破；东路军35万在镇江、江阴间突破。4月23日，解放了国民党的首都南京，宣告了国民党反动统治的覆灭。接着，解放军又分路南进，5月3日解放杭州，5月22日解放上海。第四野战军也于5月14日在武汉以东的团风至武穴的100余公里的战线上强渡长江，5月16日解放武汉三镇。此役共歼国民党军队46个师，43万余人。这一胜利为进军华南、西南奠定了基础，加速了全中国的解放。1949 年 4 月，毛泽东同志曾写《七律·人民解放军占领南京》诗一首：“钟山风雨起苍黄，百万雄师过大江。虎踞龙盘今胜昔，天翻地覆慨而慷。宜将剩勇追穷寇，不可沽名学霸王。天若有情天亦老，人间正道是沧桑。”热情讴歌了这一伟大胜利。南京渡江胜利纪念馆，为全国唯一的纪念渡江战役胜利的专题馆。邓小平同志为纪念馆亲笔题名。馆中展出各种文物资料 1200 余件。在南京还建有“渡江胜利纪念碑”。

渡江战役总前委旧址纪念馆

坐落在安徽省肥东县瑶岗村。1985 年开始整修，1987 年“八一”建军节前夕正式开放。1949 年 3 月至 4 月间，渡江战役总前委在邓小平、陈毅等同志的率领下，进驻肥东具瑶岗村。总前委在这里制定了《京（南京）沪杭战役实施纲要》，成功地指挥了举世瞩目的渡江战役。一举歼灭国民党军队 40 多万人，解放了南京、上海、杭州等重要城市，为全国的解放和中华人民共和国的诞生，奠定了胜利的基础。渡江战役总前委旧址纪念馆为单门独立的老式四合院，当年总前委召开重要会议的会议室和邓小平、陈毅等领导同志工作、休息的房间已恢复原样，并在总前委处原址，建起了渡江战役展览馆。

温州革命烈士纪念馆

位于浙江温州市风景区江心屿。原建于 1956 年 7 月，1987 年 6 月扩建，总面积为 230000 平方米。为纪念浙南地区在各个革命时期牺牲的 3970 余名烈士而建立。纪念馆有新旧两个展览厅，分别展出全地区有影响的 160 余名烈士的遗像、革命事迹和部分遗物。纪念馆院内有红十三军和红军挺进师的纪念碑，高 15 米，分别由国防部长张爱萍和舒同题写碑文。两碑放在同一碑座上。纪念馆和碑的西面是“浩然楼”和“文天祥祠”。四周青松翠柏，绿草如茵，环境肃穆、幽雅。

雷锋纪念馆（辽宁抚顺）

位于辽宁省抚顺市望花区中心，始建于1964年，总面积为5.6万平方米，又经过几次扩建和维修。现有一座纪念馆，一个玻璃钢雷锋塑像，一个高12.5米的由优质花岗岩铸成的“向雷锋同志学习”的毛泽东题词塔，一座花岗岩的长方形墓地。墓碑正面由中国书法家协会副主席周尔复撰写了雷锋生平事迹。雷锋（1940—1962），伟大的共产主义战士，湖南长沙人。出身贫民家庭，父母兄弟受日本帝国主义、国民党反动派、地主和资本家的迫害相继惨死，他7岁时就寄养在亲戚家。1949年解放后，被政府送入学校读书。他刻苦学习，并积极参加土改斗争。1956年高小毕业后，在本乡人民政府和中共望城（现长沙县）县委机关当通讯员和公务员，被评为工作模范。1957年加入中国共产主义青年团。以后参加根治沩水工程，团山湖农场和鞍钢等建设。多次被评为劳动模范和先进生产者。1960年入伍，编入工程兵某部运输连四班。他积极学习革命理论和文化知识，在党的培育下迅速成长，曾荣立二等功一次，三等功两次，被评为节约标兵和模范共青团员。1960年11月加入中国共产党，次年升任班长，并被选为抚顺市人民代表。1962年8月15日，因公殉职。1963年1月7日，国防部命名他生前所在的班为“雷锋班”。雷锋的事迹受到党中央的重视，予以高度评价。毛泽东亲笔题词：“向雷锋同志学习”，周恩来题词：“向雷锋同志学习：憎爱分明的阶级立场，言行一致的革命精神，公而忘私的共产主义风格，奋不顾身的无产阶级斗志”，刘少奇、朱德、邓小平等也都题词赞扬雷锋的革命精神，号召全党、全军和全国各族人民向雷锋同志学习。1990年10月29日，江泽民总书记视察雷锋纪念馆，挥笔写下了“雷锋纪念馆”萧洒流畅的5个大字，并在签名簿上写下“江泽民1990年10月29日于抚顺雷锋纪念馆。”此前，国务院总理李鹏亦曾为抚顺雷锋纪念馆题词“雷锋精神永恒”。雷锋纪念馆建立以来，国内已有400多万人来这里参观学习。全国许多省市还复制了雷锋事迹展品，已有2千多外宾来馆参观访问。雷锋同志的事迹在国内外产生了深远的影响，为广大人民群众学习马列主义、毛泽东思想，学习伟大的共产主义精神提供了良好的课堂，为加速两个文明建设，特别是提高青少年的共产主义觉悟，发挥了巨大作用。1986年10月15日，国务院批准该纪念馆为全国重点烈士纪念建筑物保护单位。

雷锋纪念馆（湖南长沙）

坐落在湖南省长沙市望城县望城坡，距长沙市约15公里。望城是伟大的共产主义战士雷锋的故乡。纪念馆于1967年建成并对外开放。占地面积7427平方米，坐北朝南，前后两进，由序厅、展室、接待室、服务部、生活区等组成。展室成四间，共1200平方米陈列雷锋生平事迹和全国人民学雷锋的典型事例，是对人民群众特别是对青少年进行革命传统教育的课堂，前往参观的人很多。纪念馆在建筑形式上，仿我国南方农村民房格局，白粉墙、小青瓦、四合院，朴素雅致。各部分建筑物用曲折的明廊串成一体，布局紧凑、明朗疏松。并且巧用地势，各部分有高低之分，院内天井有花丛点缀。1991年3月11日至18日，中共中央总书记江泽民深入湖南农村、部队、学校考察工作时，曾来纪念馆参观，并签名留念。

蒲松龄纪念馆

坐落在山东淄博市淄川区蒲家庄。原为蒲松龄的故居——“聊斋”，后改建。蒲松龄是清代小说家，《聊斋志异》的作者。纪念馆主要有序厅、生平著作展室和书画展室。序厅，把人们带进了人妖鬼狐的艺术世界。一幅长 4 米、高 1 米的大型陶瓷肇画《蒲松龄写聊斋》，概括了他经历坎坷、孤愤著书的一生。壁画前的古式桌椅上，陈列着他的手迹和影印著作。整个厅布置典雅，是典型的清代书房格调。生平著作展室是纪念馆的主体，端庄的薄松龄画像，堪为“聊斋”珍藏之冠；两方端砚，薄松龄用它写下了近 200 万字的作品；《聊斋志异》手稿、《蒲氏世谱》均为蒲松龄真迹，还展出有蒲松龄一生遭遇、行迹、著述等内容的实物、图片和文字说明。这些珍贵文物是蒲松龄一生呕心沥血的结晶。书画展室展出几十幅近代名家之杰作，其中有郭沫若所书的“写鬼写妖高人一等，刺贪刺虐入骨三分”的楹联；有著名书法家武中奇的“一代文豪，风流千古”之赞语；有日本学者、东京大学名誉教授两岛定生在参观时留下的“秋天丽朗，而孤鬼不见”题词；还有许麟庐、阎丽川、霍春阳的《牡丹图》，虽然画的都是聊斋故事中的牡丹花，但风格迥异；尹瘦石所绘《蒲松龄像》、孙其峰的《鱼容化鸦图》等著名画家画的聊斋故事、人物、花卉作品，均为馆藏珍品。展橱中还展出了从中国历史博物馆复制的“聊斋图说”精品 33 幅。该画出自清代画师之手，曾流入苏联，后由苏联政府交还我国。整个纪念馆古朴典雅，结构灵巧。艺术大师刘海粟赠蒲松龄纪念馆楹联为：“聊斋名声震四海，一代文宗昭遗爱”。蒲松龄高尚的品德和超凡的文采，受到后人的钟爱。

詹天佑纪念馆

我国近代科学技术界的先驱，杰出的爱国工程师詹天佑先生纪念馆于 1987 年 11 月 6 日在万里长城八达岭胜地、京张铁路的最高点落成。詹天佑先生在中华民族饱受帝国主义侵略的年代里，以大无畏的气概主持建成了中国自己修建的第一条工程艰巨的京张铁路，为我国早期铁路建设作出了杰出的贡献；他还首创了中华工程师学会，发展我国工程事业。他即坚信我国人民的创造能力，又积极引进西方科学技术。周恩来曾赞誉他是“中国人的光荣”。全馆建筑面积近1700平方米，整个建筑分两层，依山势起伏，设计巧妙。庭院正面有反映詹天佑先生生前历史背景和重要贡献的大型花岗岩浮雕，浮雕全长41米，高5.4米。纪念馆设瞻仰厅、序幕厅及3个陈列厅，陈列面积为1100平方米。陈列馆介绍了詹天佑生前各个时期的爱国业绩和文物史料。

新四军重建军部纪念馆

位于江苏盐城市西郊新四军重建军部旧址——泰山庙。由中共中央宣传部和中共江苏省委批准筹建，1988年10月10日落成。李先念同志为纪念馆题写了馆名。新四军是抗日战争时期中国共产党领导的人民军队。1937 年抗日战争爆发以后，中国共产党同国民党建立了抗日民族统一战线。同年 10 月，根据国共双方达成的协议，中国共产党将留在南方的红军游击队改编为国民革命军新编第四军（简称新四军）。军长叶挺，政委兼副军长项英，参谋长张云逸，副参谋长周子昆，政治部主任袁国平，副主任邓子恢。下辖 4 个支队，共约 12000 余人。改编后，挺进华中敌后，发动群众开展抗日游击战争。1940 年，发展到 7 个支队，共 10 万人，创立了华中敌后根据地。由于项英执行王明右倾机会主义路线，1941 年 1 月在国民党反动派制造的“皖南事变”中，遭受严重损失。其后，中共中央军委针对国民党顽固派取消新四军番号的反动命令，决定在盐城重新组建新四军部。从那时起，新四军在政委刘少奇，代军长陈毅的领导和八路军的配合下，与华中广大人民一起转战敌人，不畏艰苦，浴血奋战，对日、伪、顽进行艰苦卓绝的斗争，配合全国各战场的攻势作战和全面反攻，取得了抗日战争的胜利，为中华民族的解放事业和东方反法西斯斗争作出了杰出的贡献。纪念馆由展厅、碑林、群雕、园林 4 个小区组成，占地 100 亩。群雕位于纪念馆广场东西两侧，为大型立体石雕群像。东边一座再现了新四军指战员的战斗英姿；西边一座反映了人民群众对新四军的拥护和支持。纪念碑高 10 米，坐落在展览大厅正前方。李先念同志手书的“国民革命军新编第四军重建军部纪念碑”17 个大字镌于其上，金光闪闪，黄克诚题写了《盐城会师记》碑文。纪念碑东西两侧，还各有长约 65 米的碑廊，上面镶嵌着 100 多块大小不等的书画石刻。展览大厅是正方形现代化建筑。厅门上方的东西两面各一幅大型花岗岩雕画，每幅 145 平方米。西边一幅表现的是东进、北上新四军和南下八路军在大丰县白驹狮子口桥会师的欢腾场面；东边一幅反映的是新四军盐城重建军部的热烈场面。雕画的中间，有有机玻璃制作的新四军臂章图案。李先念同志手书的“国民革命军新编第四军重建军部纪念馆”横匾悬挂于门首上方。展览大厅内分序厅及 7 个展厅。序厅，在紫红丝绒屏风上，镌刻着毛泽东在皖南事变后，为中共中央革命军事委员会起草的重建新四军军部的命令。屏风前是新四军重建军部时的军部 5 位领导人——代军长陈毅、政委刘少奇、副军长张云逸、参谋长赖全珠，主任邓子恢的立体雕塑群像。他们正围着“1941 年 1 月华中形势图”在沉思默想，仿佛正在制定开创华中敌后抗战新局面的伟大战略……第一展厅展出了九一八事变后，日本帝国主义加紧了对中国的侵略步伐，终于在 1937 年 7 月 7 日向中国发动全面进攻，与此同时，在抗日战场上，一支重要力量——新四军迎着敌人的炮火所诞生。1937 年秋，中共中央和国民党当局谈判达成协议，把南方 8 省 13 个地区的红军游击队改编为国民革命军新编第四军。这里，陈列着从 1937 年七七事变到 1940 年这段时间的新四军史实。大厅中央有当时的“盐城全景模型”及陈毅同志的大型绣画像。充分显示了盐城，是苏北抗日根据地中心。第二展厅，这里陈列着 1941

年1月到1945年新四军军部离开淮南黄花塘这段时间中共中央华中局和新四军军部领导华中敌后抗日的史实；全面反映了"皖南事变"的经过，展出了皖南事变经过要图、新四军告皖南同胞书、中共中央关于皖南事变的指示等十分珍贵的历史文献及毛泽东手书的重建新四军军部的命令。大厅内有4组彩色泥塑、100多个人物形象，再现了新四军重建军部后在华中敌后广泛建立抗日民主政权、实行减租减息，除奸反霸，号召人民参军参战支前的历史画面。第三、四、五、六展厅，分别陈列了新四军重建军部后的第一师和苏中区，第三师和苏北区，第七师和皖中区，浙东纵队，苏浙军区和浙江抗日根据地等重要的抗日斗争史实。老一辈无产阶级革命家李先念，谭震林、粟裕等领导抗日斗争的不朽功绩得到了充分反映。第七展厅，展示了1945年底到1947年1月新四军番号撤销这段时间内的革命斗争史。新四军抗战八年，痛歼日军，恢复国地，先后解放了4千万同胞，帮助各阶层人民，建立了民主政权——行政公署 7 个、专署 20 个以上，以及县政权 150 多个。八年中，新四军抗击日军 13 个师团，伪军 23 万人，总计大小战斗近 3 万次，缴获长短枪 24.3 万余支，轻重机枪 4700 多挺，各种火炮 400 多门，打死打伤日伪军 42 万余人。新四军于 1947 年 1 月下旬撤销番号，组成华东人民解放军，踏上新的战斗征程。整个展厅共陈列展出图片 1000 余幅、文物 500 多件，包括毛泽东同志出席“七大”的一号代表证和纪念卡，毛泽东、周恩来、陈毅等老一辈革命家的手迹。抗日战争时期亚洲战场的新闻纪录片剪辑和所有讴歌新四军的电影故事片等亦收藏在馆中，还有 10 余幅大型油画、铁画和其他工艺品，系统、全面而又概括地再现了新四军和华中敌后抗日的历史面貌。它是新四军光辉战斗历程的缩影。

新四军江南指挥部旧址陈列馆

坐落在江苏溧阳县水西村。1984 年 11 月 7 日对外开放。

新四军是抗日战争时期，中国共产党领导的人民军队。1937 年抗日战争爆发后，中国共产党同国民党建立了抗日民族统一战线。同年 10 月，根据国共双方达成的协议，中国共产党将留在南方的红军游击队改编为国民革命军新编第四军，简称新四军，下辖 4 个支队。1938 年 4 月，新四军的第一、二支队由陈毅、粟裕等率领，沿长江南岸向苏南挺进，于同年 6 月到北、沪地区，经过多次战斗，建立了以茅山为中心的苏南抗日根据地。1939 年 11 月 7 日，新四军江南指挥部设于水西村。同时，张云逸率领的第四支队，沿长江北岸向皖东挺进，于 5 月进入安徽的巢湖、无为、定远一带地区，建立了以藕塘为中心的江北抗日根据地，发动群众开展抗日游击战争。曾多次粉碎日伪军的“扫荡”和“清乡”，打退国民党顽固派的屡次进攻，歼灭了大量敌人。创立和发展敌后抗日根据地。壮大了抗日武装力量。值新四军江南指挥部设立 55 周年，旧址恢复了当年的历史风貌，并辟为陈列馆。馆内展出了大量史料、照片和实物，内容共分：新四军东进；新四军江南指挥部在水面；坚持发展苏南抗日根据地；碧血洒江南，光辉照千秋等4部分。馆内展出的还有粟裕同志夫人楚青捐赠的粟裕生前穿过的军衣1套、军帽1顶，用过的台灯，收音机及其他遗物17件。

新四军茅山抗日斗争历史陈列馆

位于江苏省句容县。1985年8月2日建成开放。茅山抗日根据地是我党在华东敌后最早创建的重要根据地，自1938年起，陈毅、张鼎丞、粟裕等同志先后率领新四军第一、二支队和先遣支队到达茅山地区，推动了整个华中抗日根据地的建立和发展。

这座陈列馆背依茅山，建筑庄重古朴，门厅四角飞檐，具有典型的江南建筑风格。门楼上镌刻着张爱萍同志题写的馆名，门厅正中屹立着陈毅同志身着戎装、手持望远镜的古铜色全身塑像。塑像后的绛红色布幕上，陈毅同志亲笔写的“东进、东进”四个大字，金光闪耀，熠熠生辉。馆内设有 3 个展览厅，陈列内容共分 5 个部分：一、茅山抗日根据地的创建过程；二、茅山军民坚持敌后游击战争的实况；三、茅山军民为夺取抗日战争最后胜利所做的贡献；四、茅山地区革命先烈的业绩；五、茅山人民在当前“两个文明”建设中取得的成就。陈列馆展出几百件反映茅山军民坚持抗战斗争的照片、图片和实物，是进行爱国主义和革命英雄主义教育的生动教材。

新四军军史文物陈列馆

位于安徽省宣城地区泾县。1991 年 7 月破土动工兴建。新四军是抗日战争时期中国共产党领导的人民军队。中国共产党为了团结抗战，在建立抗日民族统一战线之后，根据同国民党达成的协议，于 1937 年 10 月，将红军北上后留在湖南、江西、福建、广东、浙江、湖北、河南、安徽等地的游击队分别集中，改编为国民革命军陆军新编第四军（简称新四军）。叶挺任军长，项英任政委兼副军长，张云逸任参长。1938 年 1 月，在江西南昌正式成立新四军军部，下辖 4 个支队，全军共 12000 余人。改编后挺进华中敌后，积极开展游击战争，打击日伪军，创建了华中抗日根据地。1941 年 1 月，国民党蒋介石集团发动皖南事变，叶挺被俘，项英等牺牲。中国共产党决定重建新四军军部，任命陈毅为代理军长，张云逸为副军长，刘少奇为政委，赖全珠为参谋长，部队整编为 7 个师和 1 个独立旅，独立旅隶属于军部。全军共 9 万余人，继续坚持对敌斗争。粉碎了日伪军的反复“扫荡”、“清乡”和国民党顽固派的屡次进攻，歼灭了大量敌人，创立发展和巩固了苏南、苏中、苏北、淮南、淮北、鄂豫皖、皖中、浙东等敌后抗日根据地。牵制华中一带大量日伪军，直接威胁到南京、上海等敌伪心脏地带。1944 年，转入局部反攻。1945 年 8 月 9 日后，与八路军和其他人民武装一起，举行大反攻，取得了抗日战争的最后胜利。此时，新四军发展到近 30 万人。解放战争时期，与八路军一起改称中国人民解放军。陈列馆坐落在青弋江畔，城郊水面山上。它与全国重点烈士纪念建筑物——皖南事变烈士陵园，以及烈士纪念塔、烈士纪念碑、烈士纪念廊等纪念建筑物连成一片，构成革命传统教育的建筑群。

法国蔡伦纪念馆

坐落在法国安贝尔市郊。为纪念世界上第一位发明造纸术的中国蔡伦而建。蔡伦（61—121），东汉桂阳（今湖南耒阳）人，字敬仲。汉和帝时担任主管制造御用器物的尚方令，后被封为龙亭侯。他在西汉发明麻质纤维造纸的基础上，进一步探索研究，总结出了用树皮、麻头、破布、破鱼网造纸的新经验，并于 105 年（元兴元年）奏上。他的发明，使造纸原料多样化，还能用旧利废，提高了植物纤维纸的质量，促进了造纸业的发展，大大便利了科学和文化的传播，历史上把他造的纸称“蔡侯纸”。馆内陈列着中国早期的汉字木刻板，一些用古老的纸张印刷的中国书籍以及各个历史时期生产的纸张样品。纪念馆的四壁挂着巨幅壁画，表明造纸业发明的历史，还有造纸术从中国传入西方各国的路线图。在蔡伦馆的旁边，设有一个古老的造纸作坊。在这里，沉重的木锤敲击着石臼，清澈的溪流推动长满青苔的水轮，样样依旧靠手工操作，造出的纸张粗糙而厚实。许多参观者出自怀古之情都争相购买。现在，安贝尔造纸作坊已成为旅游者参观的古迹了。

遵义会议纪念馆

位于贵州遵义老城红旗路东侧遵义会议会址内。1935年1月15日至17日，中国共产党在这里举行中央政治局扩大会议。参加会议的有：毛泽东、朱德、陈云、周恩来、张闻天、秦邦宪、王稼祥等20人。在长征中，红军受到严重损失。为了挽救危机中的红军和革命事业。党中央政治局举行了这次会议。会议揭发和批评了第五次反“围剿”和长征以来中共中央在军事领导上的错误，通过了《中共中央关于反对敌人五次“围删”的总结决议》，推选毛泽东同志为政治局常委。随后，按会议精神，常委分工由张闻天总负责，朱德、周恩来负责军事、后又组成由毛泽东、周恩来、王稼祥参加的3人指挥小组。这次会议结束了王明“左”倾冒险主义在中央的统治，确立了毛泽东在红军和党中央的领导地位，使红军和党中央得以在极其危急的情况下保存下来，并在其后战胜张国焘的分裂主义，胜利地完成长征，打开了中国革命的新局面。纪念馆于1955年2月筹备，搜集有关中国工农红军第一方面军长征经过遵义及其前后的文物、资料，同年在遵义会议会址作复原与辅助陈列。1957 年 7 月 1 日正式对外开放。1964 年毛泽东为纪念馆题字“遵义会议会址”。馆藏文物（包括复制品）788 件，革命文献资料 519 件，革命文物照片（包括底片）2533 张，遵义会议及其前后的历史资料 1000 余份，几百万字。

潘天寿纪念馆

位于浙江杭州市西湖之滨南山路锦云里 1 号。原为潘天寿故居。1981 年辟为纪念馆对外开放。潘天寿（1898—1971），字大颐，自号寿者，浙江海宁人，现代画家。建国后，曾任中国美术家协会副主席、浙江美术学院院长。作品笔墨有金石味，朴厚劲挺，气势雄阔，能融诗、书、画、印于一体。著有《中国绘画史》《治印丛谈》等。纪念馆建筑形式为西洋式楼房，南向正厅为画家生前画室兼书房，室内陈设着画家生前独具风格的作品，朴素高雅；另一房间展出画家著作，水印木刻复制品，以及画家浙江宁波故居照片、画家生前工作照片。